꿀벌
겨울나기

김은희 수필집

꿀벌
겨울나기

초판 1쇄 발행 2025년 4월 30일

지은이 김은희
펴낸이 이상규
편 집 이원영 김윤정
펴낸곳 에세이문학출판부

출판등록 2006년 9월 4일 제2006-000121호
주소 03134 서울시 종로구 돈화문로 10길 9, 405호(봉익동, 온녕빌딩)
전화 02-747-3508・3509 팩스 02-3675-4528
이메일 essaypark@hanmail.net

ⓒ 2025 김은희
값 16,000원
ISBN 979-11-90629-46-1 03810

*저자와의 합의하에 인지는 생략합니다.
*잘못된 책은 바꿔드립니다.

꿀벌
겨울나기

김은희 수필집

에세이문학출판부

| 작가의 말 |

  글 마을에 들어선 지 십여 년이 되어갑니다. 모인 작품이 서로 주인공이라고 다투고 있습니다. 이미 지면으로 소개된 작품도 있고, 내 품에 있는 것도 있습니다. 이 작품들이 함께 무대에 서기를 재촉합니다. 작품을 묶으려고 여러 번 생각했으나 늘 부족한 것 같아 용기를 내지 못했습니다. 이젠 나도, 작품도 늙어갑니다. 숙제를 더는 미룰 수 없기에 큰 결심을 했습니다.
  눈과 마음이 머무는 곳이 주변 인물과 사물입니다. 바라보고, 생각하고, 표현했던 시간이 때론 힘들기도 했습니다. 그러나 그 길 위에 설 때 내 존재를 확인할 수 있었습니다. 같은 길을 갔던 선배님들의 발자취가 길잡이가 되었습니다. 수필의 첫 만남은 피천득 선생님 작품이었습니다. 그래서 《에세이문학》과 인연이 되었습니다.
  숲 사랑, 생명 존중, 녹색 환경보존, 정서 녹화를 지향하는 산림문학회에서 작품의 근력을 키웠습니다. 지금 이 시각도

전쟁과 자연 파괴가 멈추지 않고 일어나고 있습니다. 여리고 힘없는 사람과 동물들이 고스란히 피해를 봅니다. 특히 소멸하는 산야와 동식물들은 되돌릴 수 없는 지경에 이르렀습니다. 이 안타까움을 바라보고 고민했습니다.

글에 빠진 나를 곁에서 늘 격려하고, 지켜봐 준 가족들 사랑합니다. 초롱초롱한 눈동자로 글을 읽고 작품 평을 해준 손자, 손녀 응원에 글 작업을 즐겁게 하고 있습니다. 아울러 내 글에 힘을 보탠 경인문학회 교수님과 문우들에게도 고마움을 전합니다. 항상 작품을 읽고 감상평을 정성껏 해준 산림문학회 이사장님과 부회장님 진정한 나의 멘토였습니다. 또한 끝까지 책의 매듭을 매끄럽게 지어준 에세이문학출판부 여러분께도 깊이 감사드립니다.

2025년 봄
김은희

| 차례 |

작가의 말 4

1부 바람과 깡통

버섯을 낳은 벚나무 15
담배꽁초의 비밀 19
강아지풀 23
꿀벌 겨울나기 27
물오리 32
바람과 깡통 36
연탄재 41
테니스공에 눌린 자리 45
미소, 번지다 49
두더지 53

2부 밤송이

가을 부드럽다 61
그날 65
게 잡는 나비 69
밤송이 73
사라진 심청이 77
메주 82
응급실에서 85
살얼음 89
비둘기와 콩알 93
길 위의 작가 98

3부　뱁새 둥지

김 교수의 옥수수밭　105
뱁새 둥지　109
집착 끊어내기　113
우리 집 자장가　118
도롱뇽알 집　122
이끼 낀 숲길　127
라일락과 이별　131
내변산을 오르며　136
마리아 보살과 칠층 보탑　140
장생(長生)의 길　144

4부 공생(共生)

소나무들의 합창 151

통 큰 기부 154

공생(共生) 159

제비꽃 164

쉬고 있는 자전거 168

월정리역 할머니 172

중학교 다니는 순례 176

무늬발게 181

꽁무니를 꽝 185

안양사 귀부 189

5부 숲속 도서관

어달리 아침 197
숲속 도서관 201
서 여인 205
화재경보 210
임어당 고거 215
틈 219
마송 가는 길 223
장맛비 227
종달새 아이 231
트리하우스 235
달개비 240
발가락이 뽈났다 243

1부 바람과 깡통

- 버섯을 낳은 벚나무
- 담배꽁초의 비밀
- 강아지풀
- 꿀벌 겨울나기
- 물오리
- 바람과 깡통
- 연탄재
- 테니스공에 눌린 자리
- 미소, 번지다
- 두더지

버섯을 낳은 벚나무

아침 햇살이 미끄러지며 마루턱을 넘는다. 앞 베란다 문 양쪽을 확 열고 밖을 본다.

부채처럼 펴져서 벚나무 등에 찰싹 붙어 있는 버섯은 결기 있는 모습이다. 고집스러운 것이 보통내기가 아니다. 밑동에 흰색과 윗부분의 고동색인 몸뚱이가 석고상처럼 딱딱하다. 차렷 자세로 몸을 전혀 움직이지 않고, 앞만 똑바로 보고 있는 수문장을 닮았다. 그러나 얼굴은 햇빛을 보며 이빨을 드러내고 배시시 웃는다. 벚나무 기둥을 양팔로 딘단하게 잡고 있다. 큰 것은 안경을 쓰지 않고 봐도 확실하게 존재감을 드러낸다.

안양공고 뒤편 철조망 담 안쪽에 벚나무가 자라고 있다.

작년 봄, 키다리 나무를 기계톱이 인정사정없이 들이댔다. 가는 가지와 굵은 가지가 모두 땅으로 곤두박질치고 몸뚱이만 덩그러니 남았다. 깊은 상처에 몸은 까만 숯덩이가 되었다. 그늘을 넓게 만들 수 없는 나무는 이파리와 가지를 그리워하는 듯했다. 이미 땅으로 돌아간 피붙이들의 흔적을 찾느라 발밑만 보고 있다.

밤마다 내 귓가에는 벚나무의 앓는 소리가 이명이 되어 붙었다. 바람 손이 유리창을 두드리는 날이면 어김없이 신음이 함께 있다. 그리고 동네를 휘돌고 다녔다. 베란다 문틈으로 들어온 음산한 기운은 귀신이 우는 듯한 처절한 곡소리를 냈다. 특별히 비 내리는 날이면 더욱더 크게 재생되었다. 서글픈 울음을 나는 죄인처럼 받아냈다. 낡은 주황색 조끼를 입은 중년 남자, 그 손에 들려 있던 기계톱을 멈추게 하지 못했던 책임감 때문이다.

나무를 베던 날, 우리 집 앞을 향해 있는 세 그루는 그냥 두라고 간절하게 말했다. 그러나 그 사람은 사자처럼 갈기를 세우며 험악해졌다. 내게 가을에 떨어지는 낙엽을 매일 쓸라고 다그쳤다. 어깨 뒤로 슬그머니 하던 말을 감추고 집으로 급히 들어왔다. 그러나 께름칙한 마음이 가슴 밑바닥에 계속 웅크리고 있었다.

가을 내내 낙엽을 낳지 못하는 숯덩이 몸에서는 굵은 진

액 눈물만 흐르고 있었다. 그 모습을 보고 있으려니 적극적으로 말리지 못한 것이 후회스러웠다. 베란다 문을 자주 열지 못했다. 밤이면 잘린 기둥은 흐리멍덩한 가로등 때문에 중국 귀신 강시의 모습으로 변했다. 늦게 귀가하는 날이면 으스스한 골목길을 전력 질주하는 우사인 볼트가 되었다. 특히 여름 장마철에 폭풍우는 가지가 없는 몸뚱이도 사정없이 흔들어 댔다. 늦봄에 간신히 나온 여린 몇 가닥 올이 정신 못 차리고 기진맥진해서 늘어졌다.

 일 년이 지난 올봄, 나무 위쪽 잘린 자리에서 새로운 가지가 제법 많이 자라서 기둥에 보태졌다. 듬성듬성 수염 빠진 노인 같았다. 살아 내려고 애쓴 흔적이 역력했다. 나무는 스스로 상처를 치료했다. 잘린 팔도 시간이 지나면 회복이 되는 이치를 알고 있나 보다. 신통해서 철조망 밖에서 몸통을 올려다봤다. 그런데 새로운 것이 나무 기둥에서 자라고 있었다.

 팔이 잘려 나간 중간쯤 터지고, 갈라진 틈에서 당당하게 버섯이 앉아 있다. 중간 크기의 냄비 뚜껑 반쪽만 한 것이 찰싹 붙어 있다. 그리고 위쪽으로 올라가면서 작은 것들이 구름처럼 층층이 피어 있다. 그것을 모두 거느리고 있는 것 아닌가. 버섯 이름을 검색했다. 잔나비걸상버섯이다. 흔한 버섯이 아니다. 항암 작용이 있고, 중국에서는 매우 귀하게 쓰는 약재란다.

손가락과 팔을 잘리고 난 일 년 동안 아픔을 견디며 몸뚱이는 더 귀한 것을 길러냈다. 도시 한복판에, 그것도 철조망 안에서 어떻게 버섯 포자를 만들고 기른 것일까? 신통해서 지나칠 때마다 한참을 올려다봤다. 극한의 고통이 있었기에 새로운 생명도 탄생시킬 수 있었다. 고통을 이기려면 그만큼 에너지도 매우 필요했을 것이다. 그러기에 새로운 것을 창조하는 힘이 더 생긴 것 아닐까. 육 년 동안의 고행을 끝내고 길 위에서 인간 구제에 나선 석가의 행이 이러할진대.

생긴 모습이 작은 원숭이가 걸터앉을 만한 자리다. 반원 모양으로 기둥에 붙어 있는 것이 속이 꽉 차서 아무져 보인다. 나무를 오르내리던 원숭이가 살짝 걸터앉을 만한 공간이다. 이름처럼 다른 생명에게는 편안한 쉼터를 만든 버섯이다. 힘들고 어려움을 겪어서일까. 벚나무는 상처를 스스로 버티면서 치료했다. 그리고 귀한 약재 버섯을 낳았다.

공휴일에도 쉬지 않고 일하던 후배가 유방암 치료 중이다. 아홉 번의 힘든 치료 과정을 씩씩하게 견디고 있다. 항상 활짝 웃던 그녀의 얼굴이 잡티와 굵은 주름으로 덥혔다. 그리고 백목련처럼 하얗던 피부가 검게 변했다. 기둥이 터지고 갈라진 벚나무 같은 그녀도 검버섯 대신 잔나비걸상버섯을 낳을 수 있을 것 같다.

(2024년 8월)

담배꽁초의 비밀

 오늘 아침도 옥상 베란다에는 어김없이 담배꽁초가 여기저기 떨어져 있다. 어제 수북이 쌓인 꽁초와 나뭇가지, 새똥을 쓸고 물청소까지 깔끔하게 했다. 그런데 뒷문을 열었더니 상큼한 냄새는 떠나고 퀴퀴한 냄새가 자리를 잡았다. 더워지는 요즘은 파리까지 이곳으로 소풍을 온다. 더욱이 꽁초가 에어컨 실외기 옆에 많이 쌓여서 불안하다. 화재 위험에 내 마음은 늘 안절부절못한다.
 새로 집을 짓고 작년 가을에 입주했다. 앞쪽은 학교 담이 있고, 서쪽이 공원, 그리고 동쪽 건물은 우리 집 쪽으로 폐쇄된 구조다. 유일하게 북쪽인 옆집만 우리 집보다 한층 더 높이에 옥상이 있다. 그 집 옥상은 꽃밭이 잘 가꾸어져 있다. 남자 노인 한 분이 오르내리며 옥상 관리를 했다. 그 영감님은 자주 의자에 앉아서 한참을 앉아 쉬다 내려갔다. 건물과 건물 사이의 거리는 삼 미터이고, 우리 집은 한층 낮은 건물이기에 그곳에서 꽁초를 던지기에 적당한 거리다.

올봄부터 담배가 떨어지기 시작했다. 처음에는 작년에 일하던 노동자가 버린 것이라고 대수롭지 않게 생각했다. 왜냐하면 꽁초가 터지고 색깔도 누렇게 변해 있었기 때문이다. 그런데 근래에는 새것과 헌 것이 동시에 떨어져 있다. 합리적인 의심을 한 나는 그 영감이 나오면 문 뒤에 숨어서 꽁초 던지는 순간을 포착하려고 눈에 힘을 주고 있었다. 그러나 아무리 기다려도 그런 순간을 오지 않았다. 포물선을 그리며 우리 집을 향해 떨어지는 담배꽁초를 상상한 나는 허탈할 수밖에 없다.

날씨가 더워지기 시작하면서 담배는 더 많이 쌓여갔다. 게다가 이젠 냄새까지 나서 고역이다. 차 마시며 공원을 바라보려던 나의 소망은 여지없이 사라졌다. 야외 테이블과 의자에까지 꽁초가 떨어져 있어서 할 수 없이 실내로 옮겼다. 하지만 꽁초를 그냥 둘 수 없어 매일 청소한다. 심사가 뒤틀리고 화가 나서 견딜 수 없는 날들이 지속되었다. 집에 있는 날이면 온종일 그 영감을 관찰하며 원망을 관악산만큼 쌓고 있었다.

옆집 옥상 꽃밭에는 금계국과 접시꽃이 한창 피고 있다. 그럴 뿐만 아니라 이름을 알 수 없는 넝쿨식물이 벽을 타고 내려온다. 그러나 내 눈에는 식물들이 예쁘지 않았다. 안양천변에서 본 화사한 금계국과 같지 않았다. 염치없는 영감 얼굴이 떠오르니 꽃을 보아도 분통만 터졌다. 자기 집만 소중하게 생각하는 사람이니 그 집 꽃이 예쁘게 보이지 않는다. 같은 꽃이라도 생각에 따라 달리 보이니 사람 마음이 변화무상하다. 세상을 보는 눈이 내가 중심이 되어 사고가 집중된다. 그러니 불편한 심리가 계속 쌓여서 화를 되씹고 있다.

거북한 마음으로 빗자루를 들고 담배꽁초를 쓸고 있는데 공원에서 떠드는 소리가 난다. 청소를 멈추고 내려다보니 여고생 서너 명이 담배를 피우고 있다. 보송보송한 그들 입에서 피어오르는 연기가 화약고에서 피어나는 연기 같아서 입술이 바삭 탄다. 바닥에 흩어져 있는 꽁초를 보니 여학생들이 걱정된다. 더욱이 종족을 보존할 귀한 몸들 아닌가. 잠시 푸른 수다쟁이들이 떠난 자리에 또 다른 말쟁이들이 다가온다. 까치 부부는 오늘도 수다 삼매경이다. 이곳저곳을 탐색하며 떠들어댄다. 그 소리에 나무 꼭대기에 있던 침새들도 내려오고 멀리서 비둘기까지 온다. 공원 마당은 새들이 차지하고 있다.

비닐봉지에 꽁초를 담고 있는데 까치가 부부 싸움을 하는

지 큰 소리로 떠든다. 한 놈은 도망가고 한 마리가 뒤에서 쫓고 있다. 그러더니 도망가던 녀석이 우리 베란다 돌난간에 내려앉는다. 그런데 입에 담배꽁초를 물고 있는 것 아닌가. 하던 일을 멈추고 재빠르게 문 뒤로 숨어서 까치 행동을 봤다. 고개를 몇 번 돌리더니 실외기 쪽으로 날아가서 몇 번 소리 지르다 먼 곳으로 사라진다.

까치가 떠난 자리로 가고 있는데 옆집 아주머니가 큰소리로 내게 말을 건넨다. "옥상에 꽃이 예쁘게 피었으니 꽃구경 오세요!"

"아저씨 담배 피우세요?"

"폐가 나빠서 끊은 지 십 년도 넘었는데요."

방금 깨끗하게 쓸어낸 실외기 쪽에 담배꽁초가 반듯하게 누워 있다. 밝게 웃는 아주머니 얼굴을 쳐다볼 수가 없다. 얼굴이 화끈거려서 목소리조차 나오지 않는다. 주변을 아무리 둘러보아도 미혹한 내 마음을 숨길 쥐구멍은 보이지 않는다.

(2023년 《에세이문학》 여름호)

강아지풀

    가냘픈 몸이다. 바람이 가까이 가면 가장 먼저 반긴다. 코스모스처럼 귀가 얇아서 바람 수다에 이리저리 흔들린다. 몸통보다 머리가 무거워서 고개를 수그린다. 늘 그렇게 다소곳한 모습으로 나를 바라본다.
    대문 밖 시멘트 담 밑 갈라진 곳에 봄부터 강아지풀이 살고 있다. 틈만 있으면 장소 가리지 않고 씨를 날려서 착상한다. 그의 조상은 대대로 억척스럽고 강인하다. 그래서 잡초로 불리나 보다. 뽑아 버리려다 살겠다고 척박한 이곳으로 온 것을 막을 수 없었다. 뜨거운 햇빛을 받아도 묵묵히 견디었다. 한참을 가물어도 꿋꿋이 버텨냈다.
    점점 그 곁으로 다가가 눈맞춤 하는 날이 많아졌다. 급기야 물을 주고 주변에 자라는 잡풀들을 뽑아냈다. 이름 없는 것도 서러운데 부당하게 뽑히니, 잡풀들이 원망하는 소리가 귀에 붙는다. 하지만 어쩌겠는가? 눈에 들어온 하나를 위해 주변 정리하라고 마음이 명령하는 것을. 이렇게 반성 없는 행동을 하며 그 곁을 지켰다. 행여 다른 식구들이 뽑아 버릴까 조바심이 났다. 그래서 내가 기르는 것이라고 힘주어 말했다.

어처구니없어하는 남편에게 강아지 꼬리를 닮아서 강아지 대신 기른다고 했다. 잘 자라는 꼬리를 만지는 것이 하루하루 즐거웠다. 십 년을 같이 살다 별이 된 시츄 똘망이가 새록새록 그리워졌다. 똘망이의 빈자리를 강아지풀이 톡톡히 채워주었다.

처음에 나온 작은 것은 보드랍다. 강아지 털이 옮겨진 듯하다. 이름에 딱 맞게 그 모습이 잘 어울린다. 여름이 다가오니 토실토실 살도 오르고 몸도 길어졌다. 제법 어른 개처럼 털이 가슬가슬하다. 그리고 털 밑에는 좁쌀보다 작은 씨앗을 안고 있다. 어느 틈에 아이를 분가시킬 준비를 하고 있었다.

입추가 지났다. 강아지풀은 계절을 먼저 받아들인다. 털색깔이 누렇게 변해가고 있다. 가늘고 긴 목도 색깔을 바꾸어 목도리를 매고 있다. 까칠해진 털이 듬성듬성 빠지기까지 했다. 손으로 쓸어주면 바삭한 몸에서 몇 올씩 빠져나간다. 물을 자주 주어도 소용없다. 녀석은 자연을 거스르지 않는다. 시간이 다 되었음을 안다. 그리고 착하게 순응한다. 고집도 부릴 줄 모르는 강아지풀은 욕망 없는 순하디순한 심성을 가지고 있다.

그 모습에서 나를 돌아본다. 나이가 들어가니 몸 이곳저곳이 탈이 났다. 고통스러울 때마다 두렵다. 언제인가 죽음으로 갈 길인데 좀 더 버텨보려고 애를 쓴다. 그래서 병원문을 들락거리고 약을 한 주먹씩 입속으로 털어 넣는다. 그도 모자라 운동하고, 보양식을 찾아서 맛집을 배회하고 있다. 끝없이 욕망에 끌려 다니며 살고 있다. 생각은 늘 가야 할 길이고, 그 길을 가고 있는 과정이라고 생각한다. 하지만 그럴수록 두려움 또한 자꾸 증폭된다.

가을 냄새가 코끝에 매달린다. 한낮은 아직도 장작을 태우는 불가마 속이다. 곡식을 여물게 하려니 데울 수밖에 없다. 하지만 극성스럽게 울어대던 매미 소리가 떨림을 버리고 자취를 감추었다. 그리고 밤에는 귀뚜라미가 뜰에서 살살 날갯짓한다. 익음의 계절이 다가왔다. 강아지풀도 넋이 많이 빠졌다. 몇 개는 목도 꺾여 있다. 할 일을 다 끝낸 모양이 초라하다. 그렇게 사라지고 썩어서 대를 잇는 것이 자연의 순리이다. 썩지 않으면 생(生)은 지속될 수 없다. 마르고, 털이다 떨어지고 비워져서 볼품없는 모습이다. 하지만 그것은 자연의 순환을 위해 희생한 에너지가 남긴 흔적이다.

지인에게 선물을 받았다. 예쁜 주머니 속에서 강아지풀 이쑤시개가 담겨 있다. 개천 변을 돌면서 하나씩 뽑은 것을 삼 센티미터씩 잘라서 말려 소독한 것이란다. 천연 이쑤시개다. 딱딱하지 않고 부드럽다. 그래서 사용하기가 아주 편리하다. 잇몸에 무리를 주지 않는다. 그녀의 아이디어가 놀랍다. 또 다른 이름으로 남은 강아지풀이다.

내년에 다시 볼 수 있기를 희망하며 그를 뽑았다. 산속 길 옆에 늙은 몸은 묻고, 무덤 위에 어린 씨를 뿌렸다. 좀 더 좋은 환경에서 태어나기를 바라면서.

(2024년 10월 《산림신문》)

꿀벌 겨울나기

 지난 12월 말쯤 농막에 가서 땅에 묻어 두었던 배추를 꺼내 가져왔다. 해마다 김장하고 남은 것을 겨울 동안 배춧잎 쌈을 먹기 위해 서너 포기 땅속에 저장했다. 지저분한 배추 겉잎을 떼어내는데 난데없이 꿀벌 한 마리가 나왔다. 손바닥에 올려놓고 자세히 살펴보니 꽁무니 쪽이 조금씩 움직였다. 살아 있는 이 까만 아이를 어떻게 해야 할지 당황했다. 그런데 갑자기 포르르 냉장고 뒤쪽으로 날아가 버렸다.
 배춧잎을 먹을 때마다 꿀벌의 안위가 걱정되었다. 그래서 어두운 냉장고 뒤쪽을 집 잃은 아이 찾듯 꼼꼼하게 살펴보았다. 그런데 바닥 구석에 검고 작은 물체가 죽은 듯이 엎드려 있는 것 아닌가. 급히 부엌으로 가서 소쿠리에 배춧잎 두

장 깔고 설탕을 솔솔 그 위에 뿌렸다. 그리고 그를 매우 조심스럽게 소쿠리로 옮겼다. 집 안보다 덜 답답한 베란다가 꿀벌이 살기에 좋을 것 같아 부지런히 그곳으로 나갔다. 그런데 헌 스티로폼 상자에 넣으려는 순간 또다시 휙 사라졌다.

며칠 날씨가 매우 춥다. 베란다에 있는 식품들이 꽁꽁 얼었다. 꿀벌이 더욱 걱정되었다. 그를 위한다는 것이 더 어렵게 만든 것 같아서 마음이 편치 않다. 때로는 과잉 친절이 더 불편할 수 있다. 먹이사슬에서 꿀벌의 역할은 매우 크고 중요하다. 근래에는 그 숫자가 줄어든다고 한다. 사람들이 자연 질서를 무시하면서 환경을 되돌릴 수 없게 한다. 자정 능력을 잃은 지구가 심하게 앓고 있다. 그러니 작고 힘없는 동, 식물부터 급속하게 멸종이 진행된다. 결국 그 끝이 사람을 향해 있는 것을.

발끝을 곧추세우며 베란다를 자주 나갔다. 아무리 눈에 힘을 주고 찾아도 작디작은 까만 손님의 그림자는 보이지 않았다. 영하 17도까지 내려가던 날, 보일러 점검을 위해 파이프와 연통을 보았다. 그런데 파이프 사이에서 내가 그토록 걱정하던 아이가 있는 것 아닌가. 기진맥진한 상태로 있다. 귀한 생명을 재빠르게 소쿠리로 옮겨서 철망 뚜껑을 덮고 집안 소파 밑에 놓았다. 끈질긴 생명력이 참말로 놀랍다. 그때부터 작고 까만 벌과 나는 한집에 있게 되었다. 까만 아이는 불편하지만, 나는 정서적으로 편안한 동거가 시작된 것이다.

  소파에 앉아서 책을 읽고 있으면 꿀벌은 본격적으로 반항했다. 좁은 우리에 있는 것이 답답하다고 난리다. 헬리콥터처럼 좁은 공간을 날아다녔다. 붕붕 소리에 내 얼굴 근육이 굳어졌다. 그에게 하는 행동이 최선인지 의심이 갔다. 인터넷을 검색했다. 여러 내용이 있어서 오히려 헷갈리기만 했다. 어쩔 수 없이 양봉업을 하는 조카에게 의논했다. 겨울을 지내는 꿀벌의 수명은 5개월에서 6개월 정도라고 한다. 수명이 다 된 벌은 태어난 자손을 위해 멀리 날아가 죽는단다. 꿀벌들은 곰팡이가 치명적이다. 깨끗한 환경에서 2세들이 잘 자라주길 바라는 마음 아닐까. 부모의 마음은 이 작은 동물도 사랑으로 가득 채워져 있다.

  꿀벌은 조직화되어 있는 집단이다. 엄격하게 각자 맡은 일에 최선을 다한다. 여왕벌은 종족 보존을 위해 가장 윗자리에서 수벌과 일벌에게 고임을 받는다. 일을 가장 많이 하는 일벌은 평생 바쁘다. 끊임없이 움직이며 먹이인 꿀을 채취해서 가족을 살린다. 그러나 불평, 불만이 없다. 숙명처럼 받아들인다. 수벌 역시 마찬가지이다. 여왕벌의 출산과 육아가 끝나면 멀리 흔적 없이 사라져서 일생을 마감한다. 그러나 사람들은 어떤가? 각자 해야 할 몫이 있다. 책임은 피하고 남 탓만 하며 권리만 주장하는 일부 사람들이 거리에 넘친다. 이들이 배우고 느껴야 할 덕목 아닌가.

　드디어 입춘 날이다. 날씨가 제법 따뜻하다. 꿀벌을 농막으로 보내야겠다. 나와 두 달여 동안의 동거를 끝내야 한다. 그는 아직도 살아가야 할 시간이 남아 있기 때문이다. 내가 할 일은 벌이 있던 환경으로 보내는 일이다. 두 달 동안 붕붕 헬리콥터 소리에 무료했던 일상이 활력으로 넘쳤다. 아침마다 꿀벌의 힘찬 모습에서 에너지를 얻었다. 그를 더 이상 방치해서는 안 된다. 마지막 생을 행복하게 살도록 해야 한다. 그것이 손님에 대한 최소한의 예의다.

　비닐하우스 문을 여니 제일 먼저 무화과나무가 반긴다. 가지마다 작은 눈을 살짝 뜨고 있다. 가는 가지를 만지니 따뜻한 입김을 불어댄다. 나무 밑에 꿀벌을 살짝 내려놓는다. 까만 손님은 날개를 펴더니 신나서 날아다닌다. 비닐하우스 지붕까지 높이 날더니 다시 내게로 와서 손등에 앉는다. 내가 손을 들었더니 다시 멀리 사라진다. 나머지 생 행복하기를 빌면서 그와 작별했다.

　집으로 돌아와서 손을 씻으려고 화장실로 갔다. 그런데 갑자기 붕붕 소리가 들린다. 다시 그가 돌아온 것 아닐까? 깜짝 놀라서 소리 나는 쪽으로 갔다. 식탁에 무음으로 해놓은 핸드폰이 몸을 비틀고 있다. 핸드폰 울음이 꿀벌 날갯짓 소리로 귓가에 붙는다. 마음속에 아직도 그를 잡고 있다. 두 달 동안의 동거가 한참을 그리움으로 남을 것 같다. 꿀벌과 인연 끊기가 쉽지 않다.

(2023년 2월 제3회 한용운문학상 수상작)

물오리

세 분의 성인이 세 곳 움막에서 참선했다는 삼성산은 안양을 대표하는 산이다. 그 산에서부터 흘러내리는 안양천 지류인 삼성천에는 사철 야생 물오리들이 모여 산다.

몸 전체가 고동색과 흰색이 섞인 오리들이 주로 서식하고 있다. 그런데 이따금 머리와 등 쪽에 청색 모자가 달린 조끼를 입은 듯한 오리들도 서너 마리씩 나타날 때가 있다. 그들은 서로 잘 어울려 지내고 있다. 물살이 세지 않아서 물 위를 한가롭게 노닌다. 한적한 시골의 정자나무 아래서 노인 몇이 쉬고 있는 모습을 연상하게 한다.

자주 이곳으로 산책을 나오는 나는 오리가 있는 날은 가던 길을 멈추고 오리들과 눈을 맞추려고 한다. 그네들의 행동을 유심히 보고 있노라면 나도 물속으로 들어가고 싶다. 허벅지까지 바지를 돌돌 말아 올리고 막 뛰어 들어가서 첨벙첨벙 오리들과 놀고 싶다. 그러나 물오리들은 놀라서 모두 물방울 튀듯 달아날 것이다. 내 행동이 그들에게는 위협적으로 느껴질 것이다. 오리들과 나의 심리적 거리가 매우 먼 것이리라. 집오리들은 먹이를 가져가면 쪼르르 달려오는데 야생 오리들은 항상 적에게서 벗어나려는 본능 때문에 쉽게 다가갈 수 없다.

바닥이 훤히 보이는 투명한 물이다. 성스러운 산에서부터 흘러내리는 깨끗한 물은 가뭄이 심한 봄에도 마르는 날이 없다. 이만큼 맑은 물을 보존시키기 위해서는 수많은 사람의 노력이 있었다. 예전에는 도시 한가운데를 흐르는 개울이 생활오수로 시궁창 냄새가 심했다. 개울가 쪽으로는 다니기조차 힘든 상황이었다. 이후 안양시와 환경 단체가 적극적인 안양천 살리기 실천으로 오늘의 쾌적한 개천으로 바뀌었다. 지금은 송사리나 각종 작은 물고기가 많이 살고 있다. 오리들이 살기에는 최고로 좋은 마을이다.

어제 점심을 먹고 이곳을 지나는데 흰 도포를 입은 듯한 오리 세 마리가 있었다. 마치 삼성산 성인같이 가지런하게 다림질한 털옷을 입고 느긋하게 유영하고 있었다. 몸집이 조금 크고 몸 전체가 흰색인 집오리다. 자세히 흰둥이를 보았다. 분명 농장에서 다량으로 기르는 오리다. 누가 가져다 놓은 것 같다. 개울가 갈대 옆에는 오리가 살 수 있도록 강아지 집 같은 우리도 있고, 약간의 사료도 그릇에 담겨 있다.

흰 오리들은 먼 곳에서도 눈에 잘 뜨인다. 그러니 천적에서 벗어나기가 쉽지 않다. 더 위험을 안고 산다. 이곳도 너구리와 들고양이가 자주 나타나는 곳이다. 위험이 항상 도사리고 있는 곳인데 저들이 안전할 수 있을까 걱정이 앞선다. 흰 오리 등장으로 먼저 있던 오리들도 천적에 노출되기 쉽다. 다행인 것은 오리들이 다 같이 서로 어울려 잘 지내고 있다. 고동색 오리와 청둥이는 보호색이어서 가까이 가야 있는 것을 알 수 있다. 그러나 흰둥이는 멀리서도 흰색이 도드라지게 햇볕에 반짝인다.

아침 일찍 이곳을 다시 왔다. 오리들이 걱정되어서 잠까지 설쳤다. 혹시 밤에 적으로부터 공격받았는지, 온갖 생각을 했다. 내 걱정과 다르게 고동이, 청둥이, 흰둥이들은 물 위를 자유롭게 노닐고 있다. 참으로 아름다운 모습이다. 아침 해가 개울 위로 보석 가루를 털어내고 있다. 흰색 보석이 반짝이는 물 위로 그들은 여유롭게 헤엄치고 있다. 그 광경을 보니 얼굴에 미소가 저절로 번진다.

냇가 가장자리에 앉아서 그들을 바라본다. 서로 어울려서 노는 모습이 서로에게 자유와 여유로움을 준다. 순수한 어린 아이가 그린 그림 같다. 그들의 공존이 참으로 부럽다. 아름다운 물오리들의 그림이 명치끝으로 들어온다. 머릿속에서 의문부호가 튀어나온다. 과연 나는 오리처럼 공동생활을 잘하고 있을까?

새롭고 낯선 곳에서 늘 적응이 어려웠다. 가장 큰 이유는 새로운 사람을 내 기준으로 생각하고 평가하기 때문이다. 그리고 나와 같은 생각을 하는지 오래도록 관찰했다. 그래서 잘 어울리지 못했고, 특히 정 주는 일도 더디었다. 간단한 인사와 의례적인 대화는 했지만, 눈에는 더듬이 하나를 만들어 이것저것을 바라보고 상대의 마음을 알아내려고 계산기를 두드렸다. 그러니 자신의 고정관념 때문에 마음 통하는 사람 만나기가 어려웠다. 어쩌다 정서가 같은 사람을 만나면 집착하는 때도 종종 있다.

흰 오리 등장으로 다른 오리들도 안전을 보장받을 수 없다. 그러나 그들은 아랑곳하지 않고 어울려 있지 않던가. 어떤 계산이나 잣대를 대지 않는다. 비슷한 성향의 사람과 어울리려는 나는 스스로 외로움을 만드는 것은 아닌지.

(2024년 1월)

바람과 깡통

　버려진 둥근 몸뚱이에 바람이 가득 들어 있다. 허전한 마음을 위로하듯이, 든든하게 커다란 똬리를 틀고 앉아 있다.
　관악역 철길 옆에 빈 분유통이 떨어져 있다. 내용물은 오래전 아기 목으로 도랑물 흐르듯 넘어갔고, 뚫린 통 속으로 바람이 초대되었다. 통 겉면 글씨는 여러 날 햇볕에 시달려서 간신히 흔적만 붙들고 있다. 빈 통의 내력을 알아내기 어려울 지경에 이른 몸이다. 여기저기 녹슬어서 까만 얼굴에 군데군데 세월이 할퀸 자국까지 배어 있다. 그 모습은 커다란 눈에서 흘러내린 눈물 자국이 선명하게 말라 있던 어린 얼굴이다. 까만색이 유난히도 빛나던 소말리아 소년은 티브이 화면에서 아픈 낱말이 되어 눈으로 들어왔다.

내전 중인 그곳은 깡통이 밥그릇도 되고 물컵으로도 쓰인다. 너덜너덜한 천막으로 간신히 거처를 마련한 집이다. 천막 안에는 잠자는 곳과 부엌이 구분 없으니 따로 부엌살림이랄 것도 없다. 때로는 조금 큰 깡통이 죽 끓이는 솥으로 사용되기도 한다. 방송으로 소개되는 것보다 실제 상황은 더 심각할 것이다. 전쟁의 폐해는 개인의 삶을 철저하게 파괴한다. 특히 어린이들의 비참한 모습은 쓰디쓴 잔상으로 계속 남는다.

한국전쟁을 겪었던 우리나라도 그 시절은 소말리아의 지금 형편과 크게 다르지 않았으리라. 전쟁으로 모든 것을 잃은 사람들이 거리에 넘쳤다. 특히 전쟁고아들의 생활은 얼마나 처참했을까. 구걸하던 아이는 전 재산이 오직 깡통 하나였다. 바람만 가득 들어 있는 통을 내밀며 먹을 것을 달라던 아이들의 절박한 손짓들이 헤아릴 수 없었다. 빈 통을 채워주지 못했던 어른의 매정한 얼굴이 화면 밖으로 밀려난다. 한참 동안 전쟁 이야기는 드라마 단골 메뉴이기도 했다. 아이나 어른이나 모두 가난했으니 인심도 사나웠을 것이다. 바람만 들어 있는 깡통은 결핍의 꽃이었다.

한국전쟁을 소재로 한 드라마나 영화에서 빠지지 않고 등장하는 인물은 걸인들이다. 특히 눈에 띄는 장면은 깡통을 들고 구걸하던 소년 거지들이다. 품바타령을 하며 두드리던 깡통 연주에서 나름대로 반복하는 음과 노랫말들이 박자와 한 몸이 된다. 악기라고는 유일한 빈 깡통이 전부였다. 그 통 속에 든 바람도 큰 역할을 했지 싶다. 내용물이 들어가면 통은 그릇이 된다. 그러나 악기가 되려면 빈 깡통이어야 했다. 그리고 바람이 들어야 소리가 좋아지지 않았을까 추측을 해본다. 깡통에 바람이 들어 있을 때 배고픔도 가중되었다. 빈속을 채우기 위해 노래를 더욱 간절하게, 처절하게 했을 것이다. 비참한 구걸도 놀이로, 춤판으로 바꾼 그들의 팍팍한 삶이 애잔하다.

전국 관광지를 다니다 보면 감초처럼 빠지지 않고 등장하는 엿장수가 있다. 가위와 북장단에 맞추어 노래와 춤을 춘다. 그런데 가끔은 깡통을 두드리며 부르는 엿장수를 발견할 때가 있다. 그런 날이면 깡통 연주를 한참 동안 감상한다. 그리고 귀에 넣고, 눈으로 읽었던 타령을 입으로 풍성하게 모아서 다시 엿장수의 무대로 보낸다. 품바타령은 걸인들의 깡통 연주에서 시작되었다고 한다. 그들의 팍팍했던 생활이 지금까지 이어지는 것일까. 엿장수의 얼굴이 여름볕에 까맣게 탔다. 흐르는 땀방울을 닦으며 연주하는 모습이 지쳐 보인다. 전쟁 직후 걸인들과 지금 그의 고단한 생활이 크게 다르지 않아서 연속성을 느낀다.

그들의 노래는 그때그때 상황 따라 바꾸어 부른다. 곡을 일정하게 반복하면서 가사는 기분 따라 부르는 이 마음대로 바꾸어 불렀다. 그럴 때면 깡통 속을 바람이 들락거리며 음의 방향을 조절하지 않았을까 하는 상상을 한다. 그들은 지금도 뜨거운 거리에서 엿을 팔 수밖에 없는 처지다. 어쩌면 생활의 쪼들림과 가난이 그들을 그곳으로 내몰 수밖에 없는 형편 아닌가.

 깡통은 내용물이 들어 있는 것에 따라 분류한다. 분유가 들어 있으면 분유통이다. 통조림통도 각각의 이름을 가지고 있다. 참치, 꽁치통조림 그리고 복숭아와 포도통조림이다. 그러나 내용물이 비워지면 바람과 깡통은 한 몸처럼 움직인다. 바람의 통이 된다.

 버려진 분유통에 들어 있던 바람이 지나온 세월을 주술처럼 읊어낸다. 슬프디슬픈 음률은 소말리아 소년의 처절한 울음소리로 들린다. 그뿐만이 아니다. 한국전쟁 때 고아들의 품바 소리도 되고, 지금의 엿장수 깡통 연주 소리도 함께 있다. 빈 통은 내용물과 함께 진공상태에서 풀려나는 순간부터 바람을 운명처럼 받아들인다. 그리고 함께 다양한 역할을 한다. 때로는 그릇으로, 악기로 얼굴을 바꾼다. 구겨지고 녹슬어도 또다시 재생을 위해 몸을 맡긴다. 바람과 함께 산화될 때까지 쓰임새에 충실하다.

 바람통이 몸에 부딪힌다. 내 몸통은 어떤 이름으로 불릴까?

누구를 위해 바람과 손잡은 일이 얼마나 될까? 도움이 필요한 이들의 눈물을 읽었을까? 그들의 마음을 위로하는 바람의 통을 두드렸을까? 마침표는 떠돌고, 물음표는 뒤통수에 달린다.

(2024년 《에세이문학》 여름호, '에세이 10선' 선정작)

연탄재

　이따금 옛것이 그리울 때가 있다. 그런 날은 아침 일찍 그 동네로 발길을 옮긴다. 안양시 외곽에 있는 박달동이다. 아직도 옛 건물이 군데군데 남아 있다. 다닥다닥 붙어 있는 쪽문 안에는 고단한 사람들이 하루를 버티고 깃을 접는 곳이다. 허술한 이 층 건물에 있는 고깃집이 보인다. '석쇠로' 연탄 불고깃집이다. 문밖에 차곡차곡 쌓여 있는 것들이 눈 속으로 들어온다.
　아침 골목 바람이 오리 깃털로 내 뺨을 쓸어주며 지나간다. 후덕한 여인을 닮은 바람이다. 어제저녁 가게에는 손님이 많았나 보다. 연탄재가 제법 높게 쌓여 있다. 맨 위쪽에 있는 재에 집게가 꽂혀 있다. 버림받은 연탄의 신세를 위로

하듯 꼿꼿하게 붙잡고 있다. 마지막으로 내놓은 연탄재가 수척하다. 원기둥 몸에 검은 눈물 자국이 여기저기 배어 있다. 돼지기름을 받아내려고 애쓴 흔적이 보인다. 그뿐만이 아니라 고단한 아버지들의 눈물도 함께 거두었으리라.

연탄 윗부분이 덜 타서 까만 목도리를 두른 듯하다. 푸석한 몸뚱이를 그나마 목도리로 찬바람을 막은 것 같다. 그래도 차디차게 식어버린 허연 얼굴이 밭은기침을 한다. 밑동은 약간 부스러져 있다. 넘어질 듯 기우뚱 위태롭게 서 있다. 그 생김새는 건설 현장에 있는 왜소하고, 깡마른 체구의 가장들 모습이다.

잉걸불로 그렇게 영혼까지 다 태워서 가족의 미래를 만든 아버지. 굽은 등과 어깨를 펴기 위해 늦은 저녁 연탄불 고깃집에서 한잔 술로 시름을 달랬다. 연탄재에 그들의 한숨이 깊숙하게 박혔다. 온종일 고된 노동으로 연골과 근육에 피로가 켜켜이 쌓였다. 그뿐인가, 가슴에는 덕지덕지 불안이 얼마나 묻었을까. 피곤했던 몸과 마음을 토해 내야 다음 날을 약속할 수 있다. 그러니 어쩔 수 없이 술과 벗할 수밖에 없다. 술술 털어 넣은 쓰디쓴 소주에 아린 아픔과 고단함도 같이 넘어갔을까?

도시가스가 지금처럼 널리 보급되기 전에는 연탄이 중요한 땔감이었다. 가을이면 집집이 연탄을 사들여서 광에 쌓았다. 연탄을 실은 대형 트럭이 오면 그날은 온종일 연탄을 나르고 쌓기에 바빴다. 500장에서 많게는 1,000장까지 연탄 광을 꽉 채워야 봄까지 쓸 수 있다. 식구가 많고, 집안 행사가 자주 있는 우리 집은 겨우살이 준비 중에서 연탄 사는 일이 아주 중요했다. 아버지 수입에서 연탄 구매는 큰 부분을 차지했다. 겨우내 우리는 따뜻한 방에서 편안하게 보냈다. 하지만 추위에 떨며 힘들게 일했던 아버지는 생각 못한 철부지 딸이었다.

  신접살림을 시작하고부터 나도 연탄과 부대끼며 살았다. 쥐꼬리 수입으로 생활하려니 늘 팍팍했다. 큰돈을 써서 한꺼번에 연탄을 많이 살 수 없는 형편이었다. 이웃집 광에 까만 성처럼 쌓여 있는 땔감을 보면 얼마나 부럽던지. 혹독한 추위가 와도 연탄을 아끼려 마음 놓고 땔 수도 없었다. 추운 만큼 남편에게 원망을 처마 밑 고드름 키우듯 해댔다. 내 고생만 보였다. 불편하고 힘든 내가 우선이었다. 그러니 남편은 밤일도 마다하지 않고 밤샘을 자주 했다.

  아이들이 태어나고 형편도 좋아져서 연탄 광에 검은 성을 높이 쌓을 수 있었다. 그때까지 밤을 낮처럼 일하던 남편이 폐에 이상이 왔다. 어린 딸과 나를 생각하며 꿋꿋하게 어려운 치료 과정을 버텨냈다. 건강이 회복될 즈음 가스도 함께 보급되었다. 동네에서 가장 먼저 가스 설치를 했다. 프로판

가스 버너를 들이던 날, 냉동창고에 들어가도 춥지 않을 밍크코트를 여러 벌 산 기분이었다.

연탄은 내게 따뜻했던 기억, 그리고 추웠던 것이 동시에 떠오른다. 어릴 때 따끈따끈한 방에 누워 있으면 솔솔 잠이 왔던 안방이 항상 그립다. 신혼 초에 들녘 눈밭 같던 추운 방은 아직도 몸을 움츠리게 한다. 그러나 아버지와 남편은 한겨울 설산에서 여름 홑바지를 입고 가족을 위해 일했다. 가장이라는 책임에서 한 발짝도 벗어나지 못하고 지난한 세월을 견뎌낸 아버지들이다.

무연탄은 고생대 말엽부터 신생대 초까지 종자식물이 쌓여서 까마득한 인고의 세월을 버텨냈다. 지각변동에도 자리를 지켜내고 차곡차곡 에너지원을 만들었다. 그것이 연탄으로 바뀌어 다시 아버지로 이어졌다. 그리고 가족들 힘이 바탕이 되어 희망을 만들며 지내왔다. 오직 나를 태우고 너를 살리기 위해서, 지친 일상을 쌓고 견딘 까만 몸뚱이들이다. 매일 푸석하고 창백한 재로 변해가면서 말이다. 흙으로 돌아가 백골이 된 아버지와 연탄재는 재회했을까. 도란도란 땅을 울리며 고단했던 지난 이야기를 나누고 있지 않을까.

동트기 전 이 동네 가장들은 가족들을 위해 혹독하게 추운 날씨에도 잡석이 널린 노동 현장으로 간다. 그곳에서 미래의 너를 위해 또 다른 평안 누층군 퇴적층을 쌓고 있다.

(2023년 2월)

테니스공에 눌린 자리

 아침 일찍 안양 개천 길을 걷는다. 천변 가장자리에 달맞이꽃이 아침 안개로 샤워했다. 물기도 닦지 않은 몸이다. 부지런한 내 발자국에 깜짝 놀라 머리를 쳐든다. 물방울 몇 개가 노란 머리카락에서 굴러떨어진다. 안개가 미처 떠나지 못하고 내 눈두덩이에 붙어서 걷고 있는 발길을 방해한다.
 조금 떨어진 광명 쪽 건물들은 아직 취침 중이다. 큰 건물 뒤에 숨어 있는 기형도 문학관도 잠이 덜 깼다. 오래전 그가 걸어갔던 길, 옛 발자국을 밟고 간다. 어디 기형도 발자국뿐이겠는가. 수많은 사람이 걷던 길이다. 그 길 위에 쌓여 있는 발자국과 이야기들을 나는 오늘 밟고 있다. 내가 지나간 자리도 누군가 또 밟을 것이다. 늘 그렇게 밟은 자리는 켜켜이 곰삭은 흔적을 남긴다.

　광명과 안양의 경계 지점에 있는 샘물공원 쪽 돌다리를 건넌다. 서서히 안개가 걷히면서 건물들이 기지개를 켠다. 남자 노인 둘이 테니스장에서 라켓을 휘두르고 있다. 통통 튀는 연두색 공이 철조망으로 날아와서 세차게 부딪친다. 날개가 꺾인 공은 바닥을 향해 수직으로 떨어진다. 철망 몇 군데가 구멍이 나 있다. 좁다란 풀밭에 서너 개 공이 떨어져 있다. 한 개를 주우니 밑에 자국이 나 있다. 떨어진 지 한참 된 것 같다.

　흔적이 남아 있는 자리에는 연노랑 잡풀 몇 올이 힘없이 납작 엎드려 있다. 느닷없이 날아와 몸을 누르고 밟아버린 테니스공의 횡포에 반항 한번 못했을 풀들이다. 힘없는 어린 풀은 죽을 만큼 괴로웠을 것이다. 여기저기 떨어진 공을 주워서 테니스장 안으로 던졌다. 공은 테니스장을 향해 날개를 펴고 있던 자리로 돌아간다. 여린 풀들은 내 눈에 띄어서 다시 편안하고, 안락한 집터를 되찾은 것이다. 그들이 몰아쉬는 숨소리에 이웃 풀들이 살살 몸을 흔들며 안심하는 눈치다.

　내가 밟고 있는 잡풀들도 압사 직전이다. 공을 치우면서 또 다른 풀을 괴롭히고 말았다. 발밑에 내가 행하는 처사는 보지 못했다. 황급히 그곳에서 벗어났다. 포장된 길로 느긋하게 접어들었다. 걷는다는 것은 그 무엇인가를 밟고 가는 일이다. 대체로 사람들은 다른 이보다 앞서가려고 한다. 그래서 수단 방법 가리지 않는 경쟁심리가 나타날 때도 있다. 나도 젊을 때는 뒤처지는 것은 실패한 인생이라고 생각했다. 그래서 늘 쉴 새 없이 앞만 보고 달렸다.

그렇게 살아가면서 누군가를 누르고, 치고 가는 일이 수없이 이어졌다. 발밑에 나도 모르게 눌린 생명들이 헤아릴 수 없이 많다. 부처님께서는 발자국을 뗄 때마다 발밑을 보라고 했다. 작은 미물들이 혹시 밟힐까 염려 때문이다. 요즘 들어서는 습관적으로 풀밭을 걸을 때는 개미나 작은 곤충들이 있나 살피며 걷는다.

예부터 오늘에 이르기까지 늘 밟고 밟히는 시간의 연속이다. 자연 생태계는 어쩔 수 없이 약육강식이 존재한다. 이 엄연한 사실에서 폭력이 일어날 수밖에 없다. 심지어 가족 간에도 보이지 않는 폭력적인 감정이 있다. 조선 초기 태종 이방원과 왕자의 난에서 적나라하게 드러나지 않던가. 권력을 위해서 치열하게 싸웠다. 폭력은 또 다른 폭력으로 이어졌다. 도스토옙스키는 《카라마조프가의 형제들》에서 막내아들 알료샤와 어린이를 등장시키면서 폭력을 와해시키려 하지 않았나 싶다.

밟는 일은 때때로 작고 힘없는 생물에게는 치명적 손상으로 이어질 때가 많다. 생존 본능을 위해 어쩔 수 없는 행위는 이해된다. 하지만 욕망으로 이어지는 경우도 허다하다. 욕심을 버리고 살아 있는 모든 대상을 측은지심으로 바라보면, 밟히는 일도 밟는 이도 적어지지 않을까. 내가 눌렸을 때를 생각하면서 살아가야 한다.

테니스공에 눌렸던 풀도 무관심에서 비롯되었다. 여린 그들에게 행한 사람들의 무책임이 풀들은 생사를 넘나들게 했다. 곳곳에서 행하여지는 일이 어디 테니스공의 횡포뿐이겠는가.

(2024년 9월)

미소, 번지다

　웃음은 상현달이 보내는 입김 같다. 은은한 조명과 함께 조용하게 퍼져 나간다. 그 속도를 계속 유지하고 지키고 있다. 입가에 미소가 생활에 찌든 몸을 사르르 녹여준다. 한두 방울씩 천천히 눈물이 떨어진다. 가슴 깊이 덕지덕지 쌓여서 굳어진 고통이 물이 되어 나온다.
　에세이문학작가회에서 춘천으로 문학기행을 갔다. 국립춘천박물관으로 발길을 옮긴다. 첫 대면이 흰 대리석 보살상이다. 솔바람 부는 바닷가에 있던 석상이다. 강릉 한송사 옛터에서 발견된 고려시대의 것을 이곳으로 옮겼다. 바닷가에서 파도의 겉살을 바라보고 있던 석상이다. 긴 시간 조용한 미소로 바다를 지켰을 것이다.

한낱 돌에 지나지 않았던 것을 이렇게 아름다운 석상으로 조각했던 석수장이가 궁금하다. 시공을 넘어 내게까지 미소를 전달한 그 손길이 부드럽다. 범접할 수 없는 무한한 힘이 느껴진다. 투덕투덕 정과 끌로 마련한 평온을 길게 심호흡하며 받아들인다. 마냥 퍼내도 마르지 않는 샘처럼 맑은 미소가 찰랑거린다.

현란하지도 화려하지도 않은 그 미소는 문수보살상이다. 문수보살은 지혜를 관장한다. 불교에서 말하는 지혜는 지식과 알음알이가 아니다. 더 깊고, 높은 경지인 깨달음의 원천인 마음자리이다. 가는 나뭇가지처럼 수시로 흔들리는 마음을 바로 세우는 일이 쉽지 않다. 선각자들은 깨달음이 코 만지는 일보다 쉽다고 했다. 그러나 무명에 가린 내게는 멀고 먼 이야기이다. 어리석게도 욕망의 끈을 놓지 못하는 내게 문수보살이 미소로 다독인다.

흰 대리석 석상은 머리에 큰 관을 쓰고 있다. 마음자리는 머리에서 시작된다는 의미로 바라본다. 지혜의 상징이다. 반듯한 좌상은 흐트러짐이 없다. 얼굴 전체에 흐르는 미소가 가슴에 깊이 박힌다. 감긴 듯 감지 않은 눈과 위로 살짝 올라간 입꼬리가 절묘하다. 그 모습이 형용할 수 없는 아름다운 미소를 만들어 냈다. 모나리자 미소와 닮은 듯하나 닮지 않은 또 다른 미소이다. 그러나 동, 서양 미소의 깊이는 같아 보인다.

  몸에 걸친 옷자락에서 섬세함의 극치를 보여준다. 겹겹이 흘러내리는 옷깃이 방금 불어온 솔바람에 살짝 날리는 듯하다. 한쪽 손에 들려 있는 연꽃 가지는 지혜의 향기가 서려 있다. 자비로운 모습과 고운 미소는 심연의 경지에 이른 얼굴이다. 우아한 보살의 자태를 보니 나도 어깨가 조금 가벼워진다. 미소의 힘이다.

  버티고 견뎌야 하는 생활의 무게가 가볍지 않다. 특히 하루 중 웃을 일이 얼마나 되겠는가. 되풀이되는 버거운 일상이다. 주변에서 부딪치고 겪어야 하는 것들이 늘 납덩이처럼 다가온다. 하루 24시간 동안 내가 미소 짓는 시간은 단 한 시간도 되지 않고 지나간다. 병고에 시달리고, 가족과 불협화음, 이웃과 갈등은 미소가 사라지는 원인이다. 그것은 내가 나를 내려놓지 못해서 일어나는 것이 대부분이다. 더 큰 것을 기대하고 더 높은 것만을 보려 하니 손에 항상 불만족을 쥐고 산다.

  몇 해 전 조계사 앞에서 본 장애 걸인이 떠오른다. 그는 쌀나리가 반쯤 잘린 사람이었나. 타이어 바퀴를 잘라 몸에 덧대고 기어다니며 구걸했다. 모습이 너무 처량해서 몇 푼을 던져주었다. 그리고 좀 떨어져서 그의 얼굴을 무심코 보았다. 걸인은 너무도 평온한 얼굴이다. 모든 것을 내려놓은 모습이었다. 초라한 몸뚱이지만 입가에는 미소를 짓고 있었다. 무엇이 그 사람을 편안하게 했을까? 가장 낮은 곳을, 바닥을 가까이에서 보는 사람 아닌가. 거리에서 성자를 만났었다. 흰 대리석을 부드러운 미소로 바꾼 석공과 그 걸인이 같은 무게로 내게 다가온다. 가르침을 크게 준 스승이다.

 흰 대리석 석상 이마가 동그랗게 패어 있다. 아마도 금, 아니면 귀한 보석이 박혔던 자리였을 것이다. 누가 도려내서 보석을 가져갔을까. 하지만 문수는 아랑곳하지 않고 미소만 지을 뿐이다. 이마에 커다란 구멍이 뚫려서 바람이 쉬어간다. 그 바람과 미소가 내면을 일깨운다. 흰 대리석이 미소가 번지는 문수보살로 화현(化現)했다. 욕망과 번뇌로 묶인 몸뚱이에 미소가 스민다. 온몸이 서서히 풀어지며 헐거워진다.

(2024년 《에세이문학》 겨울호)

두더지

 녀석들은 오늘도 치열하게 먹이 사냥하였나 보다. 아니면 가족들과 운동회를 했을 수도 있다. 밭고랑과 둔덕 이곳저곳에 흙이 불쑥 하늘을 향해 솟아 있다. 그리고 길게 터널을 만들고 군데군데 작은 웅덩이도 만들었다. 여린 고구마 싹이 전쟁에 나가서 전사한 초병들처럼 널브러져 있다. 목숨이 경각에 이른 고구마 싹을 다시 세워서 심고 밭둑을 발로 꾹꾹 눌러주었다.
 십 년째 농약을 쓰지 않고, 농사짓는 이곳은 온갖 잡초와 곤충들인 지렁이, 굼벵이, 개구리와 두꺼비, 심지어 누런색 뱀까지 있다. 동식물이 사는 집터이다. 이 마을에는 두더지가 왕초이다. 잘 다듬어 놓은 밭이랑 사이를 마구 구덩이를 만들며 지나갔다. 영역표시를 요란하게 해 놓았다. 다른 동물들이 얼씬 못하게 하기 위해서인가? 땅속은 두더지 세상이다. 가끔 밖을 내다보지만 잠시 있을 뿐, 금방 흙문을 닫아 버린다. 옆 동네 사는 왜가리의 공격이 두려워서인가 보다. 그래서 어둠을 선택한다. 녀석은 즐겨 먹는 음식을 얻기 위해 얼굴을 땅 밖으로 살짝 내밀기도 하지만 주로 생활 무대가 땅속이다. 그 때문에 농작물 피해가 이만저만이 아니다.

눈이 퇴화해서 실명한 두더지는 오로지 예민한 감각으로 먹이를 구하고 있다. 우리에게 농사짓는 것을 방해하는 장님 두더지다. 작년에는 감자밭을 망가트리더니 올해는 고구마밭을 초토화한다. 민감한 감각 때문에 사람이 가면 땅속임에도 불구하고 십 리 밖으로 줄행랑친다. 그래서 퇴치도 어렵다. 게다가 옆에는 개울까지 있어서 땅이 항상 촉촉하다. 충분한 먹잇감과 살아가기에 안성맞춤인 땅이다. 그들에겐 환상의 환경이다. 두더지 가족은 자꾸 늘어나고 있다.

어쩔 수 없이 두더지 퇴치를 위해 작은 생수 빈 병을 이용했다. 페트병 양쪽을 부채처럼 잘라서 바람개비를 만들어 두더지가 지나다니는 길에 세웠다. 그러나 두려운 존재로 인식은 하지만, 비웃기라도 하듯, 두더지 식구 줄이는 것은 도움이 되지 못했다. 더구나 바람개비는 바람이 불어야만 하기에 효과적이지 않았다,

일요일이라 아이들이 왔다. 파헤쳐진 밭둑을 발로 꾹꾹 누르라고 했다. 아이들은 신나서 밭이랑을 놀이터처럼 고랑 하나씩을 차지하고, 밭이랑 끝을 향해 빠른 걸음을 걷는다. 노란색, 파란색 줄무늬 그리고 빨간빛 옷을 입은 세 명의 아이가 밭둑을 나란히 가고 있다. 봄에 밭이랑에는 사람 꽃이 활짝 핀다.

돌아오는 차 안에서 아이들은 두더지 퇴치법을 검색한다. 투명 플라스틱 통에 유인책으로 먹잇감을 조금 넣고 두더지가 다니는 땅속 길에 설치해 두면 된단다. 그러면 두더지가 그 통으로 들어가서 나오지 못하고 굶어 죽는단다. 당장 준비해서 땅속에 통을 넣겠다는 아이를 말렸다. 내 어린 시절이 생각나서이다.

한국전쟁이 끝나고 몹시도 어려웠던 1950~60년대. 내 유년 시절은 식량이 절대적으로 부족했다. 학교에서 굶주림에 시달리던 아이들을 선진국 구호물자에 의존해서 연명시키던 시절이었다. 태어나서 처음 먹는 분유에 배앓이하며 쓰러지는 학생들도 있었다. 얼굴에는 허옇게 버짐 꽃이 피었던 가련한 아이가 많았다. 그 모습이 각인되어 지금도 가슴 한편이 성에가 낀 듯 시리다. 나도 배고픔을 경험했다. 아직도 불편했던 기억이 남아 있다. 배고픔의 참담함을 두더지에게 느끼게 할 수 없다. 그들이 살아가는 방법일 뿐. 생태적인 것을 억지로 막을 일이 아니다. 조금 손해 본다는 단순한 이유로 말이다. 그러기에는 어릴 적 굶주림의 고통이 아직도 생생하게 남아 있다.

  자연을 그냥 순환되게 두어야 한다. 왜가리의 공격으로 조금씩 두더지 숫자가 적어지는 것을 기다릴 뿐이다. 아이들의 장난감과 놀이가 있는 밭이다. 난 그곳에서 사람 꽃을 보는 것으로 만족하리라. 그것이 자연과 공유하고 공생하는 것이고, 진정한 참살이 아닌가.

(2024년 4월 《산림신문》)

2부 밤송이

- 가을 부드럽다
- 그날
- 게 잡는 나비
- 밤송이
- 사라진 심청이
- 메주
- 응급실에서
- 살얼음
- 비둘기와 콩알
- 길 위의 작가

가을 부드럽다

　뜨겁게 달구던 여름이 물러나고, 서늘한 가을이 순하게 다가왔다. 친구와 수리산을 오르기로 했다.
　골목을 벗어나면 실개천 길이 나온다. 허술한 축대를 잡고 오르던 담쟁이 팔뚝에 힘이 풀려 있다. 이미 아랫도리는 누렇게 사그라들고 있다. 여름 내내 긴장하며 품어대던 초록 기운을 내려놓았다. 가을볕에 염색한 다홍 원피스도 바람이 불면 살랑살랑 흔들며 에너지를 밖으로 보낸다. 힘이 빠진 담쟁이가 부드러운 눈빛이다.
　하늘거리는 캐시미어 스카프를 두른 그녀와 나란히 걷는다. 개천 가장자리에 개여귀도 고개를 숙이고 곧 돌아갈 땅 밑을 탐색 중이다. 보라색 얼굴에서 꽃말을 잊으려는 모습이 애잔하다. 친구가 손바닥으로 주름진 얼굴을 쓰다듬어 준다. 그녀가 매우 좋아하는 꽃이란다. 작년 가을에 받은 꽃무늬 손수건이 생각난다. 흰 손수건에 그려진 꽃과 닮았다. 얇은 면 손수건이 부드러워서 손에서 놓질 못했다. 지금 저 꽃을 옮겨 놓았나 보다.

수리산 입구에서 감나무들과 눈인사했다. 더운 여름을 보내느라 모두 버둥거렸을 친구들이다. 덕분에 한층 키를 높였고, 허리둘레도 넉넉하게 늘어났다. 그뿐만이 아니다. 귀하디 귀한 후사를 잇는 일도 게을리하지 않았다. 품에는 모두 결실을 한가득 품고 있다. 낮에는 푸짐한 햇살이, 밤에는 달빛이 조용하게 성장을 도왔을 것이다. 그 빛에 차츰 여린 것이 익음으로 바뀌면서 넉넉하게 변했으리라. 넓디넓은 가을하늘의 품이 마냥 부드럽다.

숲길을 따라 올라간다. 친구가 콧노래를 흥얼거린다. 호젓한 길에서 흐르는 낮은음이 안개와 어울린다. 내 귓속으로 들어오는 소리가 달팽이관을 살살 건드린다. 입과 눈 밑까지 간지럽다. 잔주름이 파도타기를 한다. 내 음색이 친구 음을 넘지 않도록 서핑을 즐긴다. 촘촘히 서 있는 소나무가 반짝이는 노란 음표를 내려보낸다. 친구와 내 노래가 골짜기로 부드럽게 흘러간다.

산꼭대기에 웅크리고 있는 바위가 휘청거린다. 바위 밑에 있던 흙이 여름 장맛비에 아래 골짜기로 흘러갔다. 기울어져서 헛손질한다. 친구와 함께 좀 떨어진 곳에 있는 바위 아들인 큰 돌멩이를 옮겼다. 드디어 어미를 부양할 기회가 생긴 것이다. 낑낑거리며 바위 밑으로 밀어 넣었다. 틈새는 부드러운 흙으로 채워주었다. 한 지붕 한 가족으로 엮은 우리는 이마에 땀을 닦으며 흐뭇했다. 알콩달콩 살아갈 바위 가족의 달콤한 일상이 그려진다. 친구 스카프에 흙이 살짝 묻었다. 부드러운 가을 색이다.

여름철 먹구름은 이따금 큰 바가지로 물을 쏟아부었다. 의지와 상관없이 샤워해야 했던 나무 의자가 우리를 반긴다. 등에는 아직도 습기를 달고 있다. 네 개 다리 중의 하나가 절름발이가 되었다. 습기 때문에 곰팡이가 피고 상처가 생겼나 보다. 마침 앞에서 대기하고 있던 납작이 돌로 받쳐주었다. 어설프게 평형을 유지한 의자에 앉을 수가 없다. 그녀가 성치 못한 의자 다리를 부드럽게 쓸어준다.

야트막한 산 정상에서 바라보는 가을 하늘이 참 부드럽다. 바람은 산 권속들을 다독거리며 돌아올 겨울을 매만지고 있다. 점점 수척해질 산 식구들에게 가을 한 귀퉁이를 겨울이 와도 쓸 수 있게 선물로 주고 싶다. 차갑고 뾰족하게 돋친 겨울바람을 잠재우는 특효약으로 주머니에 넣고 다니라고. 보드라운 가을 솜털 구름으로 짠 수면 양말을 신고 겨우내 따스한 구들방에 앉아 있으면 좋으련만.

　가을 산에서 갓 볶은 커피콩 향기가 난다. 그 냄새가 온몸을 부드럽게 휘감는다. 친구의 옆얼굴에 같은 향기가 붙어 있다. 잔 물결무늬의 주름이 가을볕에 사르르 흘러내린다. 그믐달처럼 굽어진 등에 바람이 가만가만 애무한다. 참 부드러운 손이다. 그 손길에 내 등도 내맡기었다.

　친구가 가방에서 내놓은 것은 말간 얼굴의 감이다. 이곳에서 먹지 말고 집으로 가져가란다. 하나씩 낱개 포장을 한 홍시가 나에게 눈웃음을 친다. 여섯 놈이 하나같이 말랑말랑하고 착한 가을을 닮았다. 세 개만 담았다. 서로 가을볕이 만든 매끄럽고 보드레한 것을 나누어 갖자고 했다. 하늘에는 부드러운 오렌지빛이 돌고 있다.

(2023년 10월)

그날

태극기가 깃봉에서 조금 내려와 흐느끼고 있다. 6월 25일이다. 아침부터 70여 년 전 전쟁 사진이 카톡으로 마구 밀고 들어온다. 거리에 많은 시신이 널브러지고, 쌓여 있는 참혹한 사진이다. 30장이 묶음으로 핸드폰 얼굴에 검은 반점을 찍고 있다. 움직이지 않는 흐릿한 사진이 가슴에 까슬까슬한 무늬가 된다.

티브이 화면으로 옮긴 눈동자에 경련이 일어난다. 화면 속에서 폭발하는 거대한 불길과 연기가 사빗으로 퉁겨진다. 깜짝 놀라서 티브이에서 멀리 물러난다. 하필이면 오늘, 아니 어제 일어났던 화성 리튬공장 화재다. 6월 24일 일어난 일이지만, 오늘에서야 나는 티브이를 통해 본다. 열 폭주가 연속으로 이어진다. 불꽃은 넋이 나간 사람이 마구 터트리는 폭죽이다. 바람과 함께 층층이 올라가는 검은 연기는 히로시마 원자폭탄이 떨어질 때와 닮아 있다. 40여 초의 짧은 순간, 놀란 입을 다물 시간도 없이 23명의 목숨이 검은 연기와 함께 사라졌다. 코리안드림을 꾼 죄밖에 없는 외국 노동자들이 대부분이다. 특히 여성 노동자가 많이 희생되었다. 몇 개월 후에 흰 면사포를 쓰고 한걸음에 신랑에게 다가갈 예비 신부의 허망한 최후라니.

늘 큰 사건 뒤에 따르는 목소리들은 인재라는 단어가 붙는다. 법이 현장을 뒤따른다는 말로 얼버무리고 또 잊히는 사건으로 마무리된다. 나도 익숙해져서 별 반응 없이 지내온 시간이 얼마인지. 그러나 오늘은 아픈 기억 부스러기가 밀려 나오면서 가슴을 콕 찌른다. 희미한 흑백 동영상이 화면에 붙는다. 어째서 같은 날 6월 25일 참상을 보게 되었을까.

왼쪽 뺨에 보조개가 깊게 팬 이웃집 오빠가 떠난 날이었다. 이 땅에 태어난 건강한 사내였다. 비무장지대 안에서 부동자세로 경계근무를 서던 그였다. 개발도상국이라는 현실이 그의 등 뒤에 명찰처럼 붙어 다녔다. 그래서 먼 이국땅에서 총알받이가 된 것이다. 강대국들 사이에 낀 나라의 군인이었다. 이해관계와 힘으로 갈라진 틈에서 허덕여야 했던 딱한 나라의 국민이었다. 정글 속에서 총탄으로 목숨이 끊어지는 순간 어떤 심경으로 국가를 생각했을까.

그가 유명을 달리한 날도 6월 25일이었다. 그날은 유난스럽게 더웠다. 전봇대에 매달린 태극기가 축 늘어져 있었다. 바람이 외출 중인 날씨였다. 전사 통지를 받은 날, 옆집에서 들리는 통곡 소리는 우리 집 담을 넘었다. 그리고 괴괴한 소리는 마을 골목마다 소낙비처럼 소식을 뿌렸다. 가지고 있는 것이라고는 건장한 몸이 전부인 남자. 국방의 의무를 충실하게 지키려던 젊은 청년이었다.

유난스레 나를 귀여워해 주던 이웃집 주철 오빠는 베트남으로 가기 전날, 나에게 가끔 편지를 보내 달라는 말을 했다. 자주 보내겠다고 하는 나에게 공부하는 데 방해되니 어쩌다 한 번씩만 하라고 했다. 오빠는 보조개가 파이게 웃음을 지으며 떠났다. 두 번 편지를 보냈다. 그리고 어처구니없는 전사 통보가 날아왔다.

긴 머리와 하늘거리는 시폰 원피스를 입고 드나들던 그의 약혼녀가 낯달 얼굴이 되었다. 동작동 국립묘지에 있다는 소식을 전하며 울던 그녀는 이후 다시 볼 수 없었다. 매일 방문을 닫고 울던 옆집 아주머니도 울음 횟수가 점차 줄어들었다. 그해 여름은 장마도 심했다. 굵은 빗줄기 속에서 오빠의 환영이 보인다고 하던 그의 어머니는 식구들을 데리고 이사를 했다. 그 집에는 한참 동안 사람이 살지 않았다. 길

모퉁이를 돌면 있던 고동색 대문은 칠이 벗겨져 녹물이 흘러내렸다. 주철 오빠의 붉은 눈물이었다.

  리튬공장 화재로 사라진 예비 신부의 약혼자가 겪어야 할 고통이 얼마나 크고 길까? 녹슨 철판처럼 무거운 시간일 것이다. 깊고 긴 터널 속에서 벗어나지 못할 것 같다. 오래전 사라진 주철 오빠의 약혼녀와 시공을 넘어 한 고리에 같이 끼워져 있지 싶다.

  맹호의 청년들 목숨으로 건설되었다는 경부고속도로에 파인 틈으로 오늘과 그날의 빗물이, 그들의 한과 눈물이 함께 고인다.

(2024년 6월)

게 잡는 나비

 신안군 자은도 분계 해수욕장으로 여름휴가를 왔다. 장마철이지만 가끔 내미는 햇살의 밝은 미소에 가방을 들고 집을 나섰다. 해수욕장으로 가는 내내 침통했던 하늘이 도착하기 직전 화풀이를 시작했다.
 퍼붓는 물을 감당하기 힘들어 허덕이는 바다가 거품을 게워내며 괴성을 지른다. 검은 구름은 시퍼렇게 멍든 바다 몸뚱이를 훑어본다. 곧 있을 매질을 한 번 더 참아보라고 으름장을 놓는다. 마구 내쏟는 엄청난 양의 물 폭탄에 급히 숙소로 뛰어들었다.
 황토방 숙소는 사람이 오래도록 들지 않은 것 같다. 곰팡이가 온몸으로 달려든다. 창문을 열었더니 비가 바람과 함께 기웃거린다. 천둥과 번개도 방구석까지 들여다본다. 담 밑에 들고양이가 겁에 질린 듯 오돌오돌 떨고 있다. 천둥은 더 크게 고래고래 소리를 지른다. 배가 쏙 들어간 고양이 몸뚱이가 반쯤 비에 젖어 있다. 아무것도 못 먹은 모양이다. 딱한 고양이에게 눈맞춤을 하며 '나비야, 괜찮아! 조금만 참아봐.' 하면서 중얼거렸다.

온종일 오던 비가 저녁에 멈추었다. 서쪽 하늘에 층층이 닭 볏 구름이 떠 있다. 돌담 밑에 고양이도 안심하는 눈치다. 웅크리고 있던 몸을 일으키며 기지개를 켠다. 반짝이는 눈동자에 붉은빛이 들어 있다. 하늘의 붉은 빛은 천둥과 번개를 밀쳐냈다. 서쪽 하늘이 노랑 해바라기밭처럼 밝다. 울적했던 마음이었는데 갑자기 선물을 받은 기분이 든다. 고양이 나비도 하늘 해바라기밭을 올려다보더니 슬금슬금 길 쪽으로 꼬리를 감추며 사라진다.

저녁 식사를 마치고 바다로 나갔다. 그 많던 바닷물이 수평선 곁으로 갔다. 넓은 모래밭은 온통 바닷게들의 운동장이다. 운동장에는 까만 별들이 빠르게 움직인다. 저녁노을이 쥐꼬리만큼 흔적을 남기고 있다. 노란 수평선 밑으로 진회색 어둠이 다가선다. 우두커니 서서 바다의 목소리를 듣는다. 물이 밀려 나가면서 소리도 낮은음으로 바뀌어 있다. 시차를 두고 하늘과 바다는 중국 경극 배우의 얼굴처럼 변한다.

점차 어둠이 짙어진다. 가로등이 켜지고 검은 바다는 조용히 움직이고 있다. 잠시 돌계단에 앉아서 뜨지 않는 별을 기다리고 있다. 그때 고양이 한 마리가 어슬렁어슬렁 해변으로 다가왔다. 아까 담 밑에 있던 붉은 눈동자의 고양이다. 친구가 찾아온 것처럼 반가웠다. 그 곁으로 가려고 일어났다. 그런데 녀석은 고개를 들고 바다를 응시하고 있다. 몸을 곧게 세우고 흔들림 없이 먼 수평선 끝을 보고 있다. 마치 우주의 섭리를 꽤 뚫기라도 할 듯, 조금도 움직이지 않고 돌부처가 되어 있다. 그 행동이 경건하기까지 했다. 감히 그 곁으로 갈 수 없다.

고양이는 깊은 생각에 잠긴 것 같다. 급기야 나는 명상을 하는 고양이라고 엉뚱한 상상을 했다. 조심스럽게 그 곁으로 다가갔다. 그리고 아주 작은 목소리로 '나비야!' 하면서 다정하게 불렀다. 슬쩍 쳐다보더니 배를 바닥에 깔고 엎드린다. 병사처럼 포복 자세를 한 녀석은 한 곳만 집중해서 보고 있다. 바닷가 모래밭에는 조금 전보다 서너 배는 넘게 까만 바닷게기 분수하게 움직이고 있다. 하늘의 별은 오리무중이고 대신 모래밭에 까만 별들이 어지럽게 이곳저곳으로 돌아다닌다.

그때였다. 갑자기 고양이 녀석이 일어서더니 재빠르게 달려서 까만 게를 낚아챈다. 아주 순식간에 일어난 먹이 사냥이다. 녀석은 잡은 게를 앞발로 꼭 쥐고 앉아서 먹는 것이 아닌가. 와삭! 소리가 밤바다 노래보다 크게 들린다. 비스킷을 먹는 아이 모습이다. 아작아작 씹는 녀석을 보고 많이 당황했다.

  고양이는 배가 몹시 고팠을 것이다. 먹을 것이 부족한 해변 마을에서 녀석이 택한 것은 게를 잡는 일이다. 이곳은 사람뿐만 아니라 고양이도 어부가 되는 모양이다. 모래벌판에서 까만 별을 낚는 나비는 굶주림이 몸 구석구석에 달려 있다. 먹어도 먹어도 채우지 못하고 뱃속에는 허기들이 붙어 있다. 뼈가 드러나도록 잘록한 등허리가 움직일 때마다 가늘게 늘어난다. 검은 바닷가에 흐릿한 외등 밑에서 나비는 게 잡이를 반복하고 있다.

  가만히 일어서서 숙소로 향한다. 끝나지 않는 가장 성실한 먹이 활동을 방해하고 싶지 않았다. 내일 아침에는 내 먹이가 고양이에게로 조금 옮겨질 것이다.

(2024년 8월)

밤송이

　잔뜩 웅크린 고슴도치가 발밑에 있다. 가시 끝은 모조리 하늘을 보며 원망하고 있다. 떨어지는 것은 모두 이렇게 억울할 수밖에 없다. 적자생존에서 밀려난 것들은 버림을 받는다. 자연의 이치가 이러하니 모든 생명체는 어미 가슴에서 이탈되는 순간부터 목숨을 서서히 잃어가게 된다.
　여름 끝자락이다. 그러나 한낮 더위는 아직도 왕성하다. 더위를 피해 산 쪽으로 발걸음을 옮긴다. 수리산 어귀에 있는 밤나무 군락지에 들어서는데 갑자기 센바람이 머리카락을 헤집고 지나간다. 밤나무에서 작은 밤송이 하나가 툭 떨어진다. 아직 밤알도 없는 빈 밤송이다. 발밑에 있는 밤송이에 눈길이 멈추었다. 불현듯 서른다섯 살 때 매정하게 떨군 아기가 생각난다.

딸만 잇따라 셋을 얻고, 더는 아이를 낳지 않기로 우리 부부는 약속하였다. 그래서 오 년 동안이나 피임했다. 그런데 어찌 된 일인지 임신이 되었다. 삼 개월이 되어가는 태아를 중절 수술로 내 몸에서 떼어냈다. 그리고 잊고 살았다. 그런데 영천에 있는 만불사를 다녀온 후 계속 가슴이 아팠다.

절 후미진 곳에 어린 아기의 형상을 한 조각품이 여럿 놓여 있었다. 호기심에 그곳으로 가까이 가서 자세히 보았다. 중절 수술로 태어나지 못하고 사라진 아기들의 영혼을 달래기 위해 만들어 놓은 곳이었다. 이름도 성별도 없는 영혼들이다. 어미의 매몰찬 선택으로 세상을 보지 못하고 사라진 아기의 원혼을 달래기 위해 만들어 놓은 장소다. 칠흑 같은 어두운 길을 걸어 헹기못을 건너간 가여운 영혼들의 자리였다.

아파 오는 가슴을 움켜쥐고 황급히 그곳에서 벗어났다. 그 이후 나에게는 트라우마가 생겼다. 무엇이든 떨어지는 것만 보면 가슴이 늘 아프다. 생태계는 아주 혹독하다. 우수한 종자는 남지만 약한 것은 사라지기 마련이다. 하지만 나의 행태는 이기심에 발로였다. 아이 셋을 잘 기르려는 이유보다 내 노후와 안위를 먼저 생각했다. 그리고 한동안 그 아기에 대한 죄책감도 모르고 살았다.

중절 수술을 하고 누워 있는데 시골서 시어머니가 갑자기

대문을 열고 들어왔다. 꿈자리가 어수선하다며 근심을 머리에 잔뜩 이고 오셨다. 마당에 흙탕물이 흐르고 커다란 거북이가 죽어서 떠 있는 꿈을 꾸었단다. 어머니는 불안한 얼굴로 누워 있는 나를 바라보았다. 수술한 내게 아들인데 방정 떨었다며 많이 서운해했다. 나는 불쾌한 얼굴을 하며 아들이라도 이제는 필요 없다고 어머니 가슴에 대못을 박았다. 남편은 어렵게 태어난 늦둥이 아들이었다. 그래서 어머니는 유별나게 손주 욕심이 강했다. 그런데 남편은 아이 욕심이 없었다. 첫딸을 얻고 아이는 그만 낳자고 했다. 그러나 어머니 끈질긴 설득으로 딸만 셋을 얻었다.

어머니는 대못 자리를 체념과 포기로 메우시며 잘 자라는 손녀딸들을 바라보셨다. 노년에는 치매를 앓으셨다. 아들과 아버님을 혼동해서 식구들이 어려움이 많았다. 돌아가시기 며칠 전에 맑은 정신이 들던 날, 힘없이 앞산을 바라보셨다. 그리고 작은 목소리로 말했다. 저 산을 넘어서 손주 있는 곳으로 가겠다고 하셨다. 그동안 어머니는 내가 불편할까 봐 내색하지 않았다. 어머니가 가신 지 이십 년이 넘었다. 과연 아기를 만났을까?

나도 어느새 어머니 나이가 되어간다. 갈수록 가슴에 못자리가 커져만 간다. 메울 수 있는 것이 아무것도 없다. 아기에 대한 그리움과 후회만 가득할 뿐이다. 떨어진 밤송이 가시가 여러 개의 침이 되어 가슴을 찌른다. 수십 개의 작은 구멍에 한겨울 된바람이 들어온다. 쪼그리고 앉아서 밤송이를 조심스럽게 어루만진다. 그리고 가만히 말을 건넨다.

"미안해! 다음 생에서는 튼튼하게 제일 먼저 태어나거라."

(2022년 9월)

사라진 심청이

 들과 산에 나무 열매들이 익음을 알리는 계절이다. 초록색 나뭇잎 사이에 동그란 감이 첫날밤 새색시처럼 얼굴을 붉히고 있다. 군데군데 노랑 다홍으로 치장을 한 감나무가 가을을 재촉한다.
 골짜기 아래 있는 절집 닭장에는 오늘도 수탉의 울음소리가 요란하다. 그 녀석은 시간제한도 없이 제멋대로 울어댄다. 붉은 볏이 큰 무기나 되는 것처럼 휘하에 대여섯 마리 암탉들에게 닭 볏을 흔들며 큰 소리로 통제한다. 내가 닭장 앞으로 다가서면 조심하라고 특유의 쉰목소리를 높인다. 그러면 암탉들은 일제히 우리 안으로 숨어 버린다.
 스님은 오늘도 닭장 옆 작은 텃밭에 울타리를 점검하고

있다. 군데군데 생긴 구멍을 메우느라 바쁘시다. 심청이가 사라진 지 한참이건만 스님은 자주 울 수리를 한다. 심청이는 스님께서 이름을 지어 준 시각장애 수탉이다.

절에 자주 오는 어린아이가 병아리 서너 마리를 스님한테 선물로 주었다. 순수한 아이를 생각하며 스님은 작은 생명을 정성껏 보살피며 기르셨다. 튼튼하게 자라준 암탉들이 알을 낳기 시작했다. 스님은 달걀을 아이가 오면 주려고 방에 보관했다. 한참을 아이는 절에 오지 않았다. 그러던 어느 날 알 속에서 미세하게 병아리 소리가 들렸단다. 놀란 스님은 따뜻하게 담요를 덮어주었다. 그리고 이틀 후 새 생명이 탄생했다.

몇 년 지나자, 닭장은 만원 버스처럼 비좁아졌다. 어쩔 수 없이 신도들에게 병아리를 분양하고 서너 마리 남겼다. 그중에 심청이도 끼어 있었다. 수탉끼리 영역 다툼을 하다가 눈을 다친 심청을 다른 곳으로 보낼 수 없었단다.

청이는 여러 마리 닭에게 항상 왕따와 공격을 당해 귀퉁이로 밀려나 먹이도 제대로 먹지 못했다. 스님은 닭장 옆 작은 밭에 닭장보다 서너 배 크게 파란 철제 울타리를 치고 장님 닭의 보금자리를 마련했다. 그리고 심청이가 좋아하는 각종 채소를 심었다. 심청이는 그곳에서 감각적으로 풀도 뜯고 벌레도 잡아먹으며 평화롭게 지냈다. 그러나 그 여유도 잠시, 밤이 되면 이곳저곳 땅 밑을 파고들어 오는 침입자들이 많았다. 노심초사하며 산짐승들이 파헤친 곳을 메우느라 스님은 항상 바빴다. 나도 절집에 가는 날이면 울타리를 점검하게 되었다.

그러나 동물 세계의 약육강식을 피하기 어려웠나 보다. 잠시 인연을 끝내 버리고 심청이는 사라졌다. 깃털 두 개만 남기고 감쪽같이 모습을 감추었다. 내가 절에 간 날은 심청이가 사라진 뒷날이었다. 우두커니 서서 철제 담장만 보고 있었다. 담장 안에는 잔 바람결에 깃털이 위아래로 오르내린다. 심청이가 끌려가면서 남긴 깃털에서 살려고 바둥거렸을 모습이 겹쳐서 가슴 한편이 아려온다.

인연의 연결고리에서 잠시 마주친 수탉을 정성껏 돌보신 스님은, 다음 인연을 위해 다시 준비한다. 그래서 더 튼튼하게 울을 고치나 보다. 꼼꼼하게 울타리를 살피면서 언제가 될지는 모르지만, 아프고 힘든 또 다른 동물을 기다리고 있다고 한다. 닭장 위쪽 법당에서 바람결에 풍경 소리가 조용하게 기도 시간을 알린다. 그러나 스님은 오늘도 이곳 닭장에서 수행한다. 심청이가 살던 밭에는 무성하게 채소와 풀들이 자라고 있다. 바람이 그들을 살살 쓸면서 지나간다. 풍족한 먹거리가 있는 이곳으로 지친 생명들이 와서 쉬기를 바라면서 나도 그곳에서 예불을 올렸다.

집으로 돌아와 저녁 산책을 하러 호숫가로 갔다. 텅 빈 광장에서 시각장애 남성이 기타를 치며 노래를 부르고 있다. 앞쪽 돌계단에 놓인 작은 종이상자에는 '고맙습니다!'라고 쓴 글씨가 보인다. 상자 안에는 천 원짜리 두 장이 바람에 팔랑팔랑 날린다. 자전거 탄 풍경의 노래가 나직이 들린다.

너에게 난 해 질 녘 노을처럼 한 편의 아름다운 추억이 되고
소중했던 우리 푸르던 날을 기억하며 후회 없이 그림처럼 남아 주기를
나에게 넌 외롭던 지난 시간을 환하게 비춰주던 햇살이 되고
조그맣던 너의 하얀 손 위에 빛나는 보석처럼 영원의 약속이 되어

광장에서 나는 심청이와 해후한다. 남성의 검은 안경 너머에 심청이가 있다. 천 원짜리 두 장은 바람에 날리던 심청이의 깃털 아닌가. 돌계단에 앉아서 한참 노래를 조용히 따라 불렀다.
관심의 눈으로 보면 곳곳에 심청이가 있다. 그동안 나는 무관심하게 지나친 것이다. 그들에게 따뜻한 마음의 눈빛을 보내지 못하고 살았다. 어둠이 짙어지니 심청의 노래는 끝이 났다. 나는 황급히 종이상자에 녹색 지폐 두 장을 넣었다.

마중 나온 소녀가 방긋 웃는다.

  소녀와 심청이는 가로등 불빛이 환한 호숫가 길로 접어들었다. 저만치 멀어지면서 점이 되어 사라지는 두 그림자가 애틋한 여운을 남긴다. 그들의 모습이 잔잔하게 가슴에 파장을 일으킨다. 나는 콧노래를 흥얼거린다. "초록에 슬픈 노래로 내 작은 가슴에 이렇게 남아."를 반복해서 부른다.

(2021년 에세이문학작가회 제23집 《새끼님들께 고함》)

메주

 해마다 늦가을에 김장을 끝내고 바로 메주를 만들었다. 그리고 이른 봄에는 그 메주로 장을 담갔다. 어머니 때부터 이어진 손맛이다. 가족들은 그 맛을 포기할 줄 모른다. 그러니 고단한 일상이지만 가족들의 입맛을 위해 계속 거친 내 손이 메주를 낳았다.
 아침 일찍부터 서둘렀다. 어제 물에 담가놓은 콩이 불어서 터질 것 같은 노란 얼굴이다. 커다란 솥에 절반쯤 메주콩을 넣고 서너 시간 꼼짝없이 큰 주걱으로 저어가며 콩들과 놀아줘야 한다. 아기 볼살처럼 말랑말랑해져야 메주 만들기 적당한 콩이 된다. 동그란 알갱이를 사정없이 절구통에 넣고 찧는다. 퍼져 버린 콩을 다시 사각 틀에서 노랗고 뽀얀 메주로 탄생시킨다. 그러나 아직 갈 길이 멀다. 비틀어지고 터지도록 말라야 한다. 그런 다음 뱃속에 푸른 버섯을 품고 있어야 메주로서 명함을 내밀 수 있다.

12월에 만든 메주는 3월이 되어야 제 몫을 할 수 있다. 긴 겨울 동안 숙성의 시간이 지나야 장 담그기에 좋은 몸으로 완성된다. 네모 모양으로 만든 메주를 따뜻한 방에 지푸라기 방석을 깔아주고 나면 기다리는 시간만 남는다. 그다음에 메주는 스스로 선정에 들어 깨우침을 얻어낼 것이다. 노란 얼굴이 누렇게 뜨고 몸 이곳저곳에 푸른 꽃이 피어야 동안거가 끝난다.

완전하게 장 담그기 좋은 몸으로 태어나서도 쉴 시간조차 허락되지 않는다. 짜디짠 소금물과 한 살림 차려야 한다. 육신을 뜨거운 짚불로 샤워를 한 항아리 집에서 한 달 보름간 동거를 강요당한다. 말라버린 몸뚱이가 서서히 짠물에 동화(同化)되면서 메주는 통통 몸집을 불리고, 배우자는 검은 물로 변신한다. 그리고 서로 다른 쓰임새를 위해서 이별한다. 간장과 된장을 낳고 메주는 이름을 잃어버린다.

저녁 밥상에 올릴 된장국을 끓이려고 3년 동안 선정에 들었던 장독 뚜껑을 열었다. 침잠에 들어 있던 된장을 가만히 들여다봤다. 겉가죽에 검버섯이 피어 있다. 손으로 살살 표피를 마사지했더니 된장이 염화미소를 짓는다. 잠시 시공간

메주 83

을 넘는 사유가 춤을 춘다. 검버섯 너머에 노랗게 우담발화가 폈다. 삼천 년에 한 번씩 핀다는 꽃이 검은 항아리 속에서 황금색으로 반짝인다.

오욕칠정의 모든 욕망을 비워버리고 황금 질량만 남아 있다. 내 가족을, 또는 이웃에게 건강한 몸과 마음을 넣어줄 착하고 순한 연인이다. 황금 반죽을 떠내려는 내 손등에도 검버섯이 피어 있다. 70년을 지내온 손이다. 그 손바닥과 몸에서도 과연 된장처럼 침잠에서 얻어낸 황금 미소가 녹아 있을까? 깊은 숙성의 시간을 살았다는 확신이 없다. 얼굴이 뜨겁게 달아오른다. 그러나 아직은 움직일 수 있고, 살아 있다. 다시 시작할 수 있는 시간도 조금은 남아 있다.

부끄러워할 시간 대신 가부좌 틀고 황금 웃음을 찾아야겠다. 숙성된 나를 만드는 것은 제한된 시간을 풀고 삶을 더 풍요롭게 연장하는 일 아닌가. 동굴 속에서도 익숙해지면 밝은 빛이 가슴에 들어올 것이다. 어두운 것과 밝은 것은 한순간 생각에서 일어나는 신기루 같은 것이다. 어느 방향으로 몸을 두고 있느냐에 따라 차이가 날 뿐이다. 날숨과 들숨으로 마음 파장이 일어난다. 그 파장에서 가장 고운 결을 맘껏 흡수하리라. 그러면 진피에 황금 체액이 생겨서 빛날 것이다.

냄비에서 끓고 있는 된장국의 구수한 냄새는 방향을 제시하는 빛이다. 환하게 빛나는 그 길에 눈을 둘 것이다.

(2022년 12월)

응급실에서

　새벽이다. 소변을 보려고 일어났다. 갑자기 눈앞에 먹구름이 낀 듯 어두워졌다. 화장실로 가려고 하는데 머릿속이 텅 빈 것 같았다. 심하게 구역질이 났고, 그리고 기억이 없다.
　눈을 뜨니 낯선 곳에 와 있다. 흰색 직사각형 패널이 격자 모양으로 질서 있게 천정에 채워져 있다. 움직이지 못하고 바르게 붙어 있는 천장의 판같이 내 몸뚱이도 꼼짝 못하고 있다. 조도가 낮은 형광등에서는 스멀스멀 안개 빛이 눈 위로 쏟아진다. 어두운 빛 때문에 눈이 편안하나 적막 속에서 시계의 초바늘만 리듬을 탄다.
　주렁주렁 달린 링거병에서는 초 단위로 정확하게 액체가 똑똑 떨어진다. 높낮이가 없는 건조한 음악이 흐른다. 푸른 핏줄로 스며드는 흰 액체는 붉은 활기를 서서히 채워 넣는다. 그러니 내 팔은 서너 시간 자유를 빼앗기는 수모를 견뎌내야 한다. 그나마 다행인 것은 점차 시간이 지나면 마음대로 움직일 수 없는 이 장소를 벗어날 수 있다.

주변 침대를 흘긋 보았다. 빈 침대가 많다. 끝 쪽에 있는 침대에 눈길이 머물렀다. 머리에 상고대가 핀 남자였다. 그는 나보다 더 심하게 속박당하고 있다. 팔과 가슴에 많은 의료 장비를 달고 있다. 이 장소는 들어오는 순간부터 가장 먼저 팔에 링거를, 급한 경우에는 가슴에 압박을, 더 심각한 경우에는 수많은 의료 장비로 몸뚱이를 움직일 수 없게 만든다.

코로나 확산 때문에 보호자는 들어올 수 없는 응급실이다. 밖에서 기다리는 딸한테 전화가 온다. 무음으로 했더니 핸드폰이 몸을 부르르 떤다. 이 순간 온몸을 움직이는 전화기가 부럽다. 늘 응급실은 시끄러운 장소인 줄 알았는데 오늘은 너무 조용하다. 핸드폰 움직이는 소리가 크게 들릴 정도로 정적이 흐른다. 차를 대기시켜 놓았다며 수액만 다 맞으면 집으로 갈 수 있단다. 검사 결과 과로로 갑자기 경련이 온 거라며 별다른 이상은 없다고 한다. 딸이 안도하는 숨소리가 전화기 속에 묻어 있다.

수액이 소진되어 갈 무렵 사이렌 소리가 귀를 따갑게 두드린다. 오렌지색 대원들이 창밖에서 급하게 움직인다. 침대에 실려 들어오는 사람은 젊은 아가씨이다. 핑크색 웃옷에 핏자국이 묻어 있다. 바쁘게 움직이는 의료진들의 발소리가 멈춘다. 침대 옆에 빙 둘러서 있던 의료진들 사이에서 한 의사의 긴 한숨 소리가 들려온다.

"너무 늦었네요."

순간 내 침대가 차가운 공기에 휩싸인다. 차디찬 미립자들이 내 몸으로 들어와 얼어붙는 것 같다. 큰 소리로 링거를 빼달라고 소리를 질렀다. 그리고 딸에게 급히 전화했다. 곧장 딸이 달려오고, 바로 퇴원 절차를 밟았다. 번개처럼 순식간에 병원에서 밖으로 나왔다. 드디어 삶과 죽음이 공존하는 공간에서 벗어났다. 그곳에서 나오는 순간 다시 일상으로 돌아왔다. 링거 자국이 선명한 팔을 만지니 싸늘했던 분홍색 옷이 다시 떠오른다. 그 아가씨가 선택한 자살 행위가 참으로 안타깝다. 생사가 순간적으로 갈라지는 곳. 삶과 죽음이 찰나이다.

차창 밖에는 겨울비가 소리 없이 내린다. 가지 끝에 아기 손톱만큼 새순이 돋아 있다. 늘 그렇게 생사는 돌고 도는 것이다. 한순간도 소중하지 않을 수 없다. 어떤 이유에서도 자의적으로 죽음을 선택하는 사람들을 보면 매우 안타깝다. 더 절실한 무엇이 있기에 죽음으로 향했을까? 살면서 수없이 고통을 겪게 된다. 그러니 삶이 고통의 바다라고 하지 않던가. 돌이켜 보면 고되고 희망이 보이지 않았던 때도 있다. 그러나 결국 흐르는 시간과 함께 모두 사라져갔다.

딸 아파트 옆집에 노부부가 살았다. 자녀가 없는 부부는 우리 손주를 매우 예뻐했다. 자주 맛있는 음식과 군것질거리를 가져와 애들에게 주었다. 그런데 두 사람이 갑자기 자살했다. 너무 놀라서 며칠을 딸 집에 가지 못했다. 그 집 문 앞에는 누군가 가져다 놓은 흰 국화꽃이, 시들어 가면서 한동안 그 집을 지키고 있었다. 지금도 흰 국화꽃만 보면 그때가 생각나서 우울하다. 딸 식구들도 매우 놀라서 아무도 그 이야기를 꺼내지 못했다.

명랑했던 아주머니가 그런 선택을 하리라는 생각을 전혀 하지 못했다. 그 후 우울증에 시달리던 아주머니가 이겨내려고 명랑한 척 몸부림쳤던 것을 지인에게 듣고 안타까웠다.

조카라는 사람이 와서 짐을 정리했다. 밖으로 내놓은 화분에 이름을 알 수 없는 분홍 꽃이 고개가 푹 꺾여 있었다. 주인 잃은 화분이 시들시들 말라 있었다. 아마 그 꽃도 노부부의 마지막 길을 벗하며 따라간 것 같았다.

오늘 응급실에 그 여자와 화분의 꽃이 포개진다.

(2022년 2월)

살얼음

 그곳으로 발걸음을 옮긴 것은 늪에서 헤매고 있는 일상을 벗어나고 싶어서였다. 머릿속에 엉켜 있는 실타래를 풀려고 애를 썼지만 헛수고였다. 하루하루 내딛는 발자국마다 조심스럽다. 주변에서 일어나는 크고 작은 사건들이 가슴을 계속 옭아매기만 한다. 나뭇가지 끝에 이슬방울이 바짝 긴장하는 날씨다. 따스한 바람을 가까이 두고 싶었다. 무작정 남쪽을 향하는 전철을 탔다.
 오산시 오산대역에서 하차했다. 물향기 수목원이라는 명찰을 크게 단 공원이 눈앞에 다가온다. 발부터 급히 디밀었다. 겨울나무들이 나뭇잎을 훌훌 벗었다. 순록 뿔이 된 나뭇가지는 사뭇 조심스럽게 겨울바람을 응시한다. 핼쑥해진 숲길이 얼음판이 되어 굳어 있다. 군데군데 파인 웅덩이 물이 얇게 핀 수제비 반죽처럼 얼었다. 얕은 물구덩이에 바짝 마른 솔잎이 떨어져 있다.

수생식물원 연못 가장자리에서 발길이 멎었다. 살얼음이 언 연못 표면이 햇빛에 반짝인다. 살짝 건들기만 해도 깨질 것 같다. 고개가 푹 꺾인 연 줄기가 쓰러지기 직전의 모습이다. 얇은 얼음막 밑에는 가을이 남긴 연잎과 수생식물의 잎사귀를, 앙다문 서릿발이 단단하게 붙들고 있다. 빠져나오지 못한 잎의 한숨이 함께 갇혀 있다.

참새 서너 마리가 살얼음판 위를 살살 미끄러지듯 걷고 있다. 얼음이 조각조각 부서질까 봐 겁이 난다. 그 작은 발을 재빠르게 움직이며 얼음 밑을 관찰하며 다닌다. 겨울 먹이 구하기가 쉽지 않은가 보다. 결빙의 계절이니 가을 끝에 있었던 먹잇감도 다 떨어졌으리라. 새들도 겨울나기는 어렵고 힘든 시간이다.

어디 참새뿐이겠는가. 살아가는 모든 과정이 이러하다. 하루하루 얇은 얼음판 걷듯 지내왔다. 또 앞으로의 시간도 별반 다르지 않을 것이다. 늘 살얼음을 곁에 두고 사는 것 아닌가. 좀처럼 손에 쥐어지지 않는 안락을 향해 아등바등 살아가는 것이 현실이다. 잠시 햇살 퍼지는 봄 동산에 오를 수 있지만 그 순간도 아슬아슬하기는 마찬가지이다. 그래서 인간세계를 고통의 바다라 했던가.

　일상이 늘 파도타기를 한다. 맑음과 흐림이 교차한다. 그러니 조마조마하게 살얼음판 위에 서는 것이다. 일생을 그렇게 삶과 죽음의 경계에서 불안한 이어 걷기를 한다. 살아가는 모든 생명은 벗어날 수 없는 숙명이다. 하루를 사는 하루살이도, 백 년을 사는 거북이도 모두에게 주어진 공평한 것이다. 피할 수 없는 운명이다.

　며칠 전 오빠를 만났다. 올해 팔십이 된 노인이다. 검은 머리칼보다 흰 올이 훨씬 더 많아서인지 쇠잔한 기운이 짙게 배어 있었다. 그 얼굴에서 불안한 기색이 돌고 있다. 막내아들이 폐암이라는 소식을 듣고 놀란 가슴을 진정시킬 수 없었단다. 아직 살아갈 날이 많은 청년인데…. 마지막 치료로 4시간에 걸쳐 수술은 했지만, 앞날을 보장받을 수 없는 처지이다. 조카의 사위어가는 생명을 지켜봐야 하는 오빠는 곧 사라질 것 같은 살얼음 조각을 들고 있다. 감당해야 할 몫이 쇳덩어리가 되어 머리를 짓누른다. 무뎌진 몸으로 살아 내려고 바둥거리는 조카도 그 살얼음판에 서 있기는 마찬가지이다.

　연못을 지나서 솔숲으로 들어섰다. 날카롭던 바람이 조금씩 순해진다. 마음을 무겁게 누르던 얼음이 차츰 녹는 것 같다. 위태롭게 솔잎 끝에 매달려 있던 이슬방울을 따스한 햇볕이 거둔다. 길옆 옹달샘 위에 살얼음도 가장자리부터 스르르 몸을 풀고 있다.

신촌 세브란스 간판 아래 있는 조카에게로 따뜻한 바람이 달려가면 좋으련만. 붙어 있는 살얼음을 녹이고, 그곳의 속박에서 벗어났으면 하고 간절하게 손을 모은다. 그리고 오빠와 그 애가 순풍이 부는 바람길로 들어섰으면 한다.

(2024년 《산림문학》 겨울호)

비둘기와 콩알

 어제는 메주콩을 파종하는 날이었다. 아침 일찍부터 서둘렀다. 며칠 동안 5월 날씨답지 않게 시래기나물 삶듯이 푹푹 쪘다. 오전 10시가 넘으면 작업을 못할 정도로 덥다. 그래서 아침 일찍부터 콩을 심어야 했다.

 작년 가을 등산을 다녀오다 외딴 농가를 지나게 되었다. 그 집 텃밭에는 메주콩이 싱싱하게 자라고 있었다. 내 눈동자가 콩밭에 계속 머물렀다. 우리 밭에도 메주콩을 심고 싶은 마음이 간절했다. 그래서 밭에서 일하고 있는 아주머니께 메주콩 씨 할 것을 조금 팔라고 했다.

 얼마 후 아주머니가 콩 타작이 마무리되었다며 콩을 가져가라고 했다. 서둘러 집을 나섰다. 추수가 한창이었다. 들판

여기저기에 농작물이 그득하게 쌓여 있었다. 결실로 풍족해진 가을이다. 봄, 여름 내내 농부는 땀을 소나기 맞은 것처럼 흘렸다. 그러더니 가을 들판에 먹거리가 풍성하게 달려 있다.

콩밭으로 갔더니 아주머니가 활짝 웃으며 반겼다. 검은 얼굴은 주름이 시냇물처럼 흐르고 있다. 골 깊은 주름이 넉넉한 인심이다. 저울도 없는 그곳에서는 그냥 눈짐작으로 콩을 듬뿍 담아주었다. 뿐만 아니고 가을걷이 한 감과 고추를 덤으로 주었다. 나는 친정집 같은 인심에 기분 좋았다.

집으로 돌아와서 씨앗으로 쓸 좋은 콩을 고르면서 계속 아주머니의 인심을 생각하니 즐거웠다. 파종할 씨앗을 남기고도 콩은 수북했다. 그래서 메주를 만들었다. 장을 넉넉하게 담을 생각을 하니, 나도 그 아주머니처럼 이웃들에게 나누어 주고 싶었다. 인심이 인심으로 이어지는 것이 즐겁고 행복한 일 아닌가.

남편은 갈아놓은 밭에 이랑을 내고 둔덕을 만들어 비닐을 씌웠다. 나는 그 둔덕에 30센티씩 간격을 두고 구멍을 만들었다. 참새와 비둘기가 많은 밭에는 벌써 새들이 날아와 먹이를 찾고 있었다. 옆 개울에 있던 왜가리도 날아와 애써 만들어놓은 둔덕에 앉아 있다. 남편은 일하다가 가끔 손을 들어 새를 쫓았다. 새들은 날아갔다가 잠시 후에 다시 왔다.

내 손이 바쁘게 움직였다. 구멍 낸 곳에 물을 주고 넓적한 통에 콩을 담아 이랑 옆에 두고 3개씩 콩을 넣고 흙을 덮었다. 쭈그리고 앉아서 일하니 자꾸만 멀리 떨어져 있는 화장실에 가고 싶어졌다.

화장실 앞에서 밭을 보니 남편과 새들이 모두 한 틀에 담긴 작품이었다. 산과 밭, 곡선의 밭이랑이 곱다. 낮게 날고 있는 왜가리와 밭둑에 앉아 있는 비둘기가 모두 잴 수 없는 커다란 액자에 담겨 있다. 내가 아무리 표현하고 싶어도 생생하게 그릴 수 없는 풍경이 눈으로 들어왔다. 콩 심을 생각을 뒤로하고 스케치북과 연필을 들고 나갔다. 그런데 콩 심던 자리로 가니 콩알이 한 개도 보이지 않았다. 비둘기가 이미 먹이 잔치를 끝냈다. 어처구니가 없었다. 스케치를 포기하고 계속 콩을 심었다.

이랑 반쯤 심고 있는데 남편이 물을 달라고 했다. 숙소에 가서 물을 가져다주었다. 그리고 돌아왔더니 이번에도 또 여러 마리 비둘기가 먹이활동 중이다. 얼마 남지 않은 콩 씨를 생각하니 화가 났다. 목청껏 큰소리를 지르며 멀리 쫓았다. 그러나 잠시 후 멀리 갔던 비둘기는 다시 와서 내 머리 위를 빙빙 돌면서 콩을 노리고 있다. 먹이 싸움도 생존 경쟁의 한 부분이다. 이 또한 생태계의 현상인 것을 생각하니 화를 낼 것이 아니라 웃어야 했다. 왜냐하면 난 비둘기만큼 먹이에 절박하지 않으므로.

　점심때 콩을 담은 그릇을 문 입구에 두고 식사했다. 먹이를 먹으려는 비둘기는 내가 잠시 다른 곳을 보면 순식간에 와서 먹다가 소리 지르면 물러가 있다. 콩 바가지를 식탁 옆에 옮겨 놓고 밥을 먹었다. 남편이 비둘기와 머리싸움을 한다며 웃었다. 식사를 마친 그가 말을 이어갔다. 이 땅은 우리 것만이 아니라고 했다. 사람이 경계를 만들어놓고 모두 독식하고 있다고 하면서, 살아 있는 생명 모두의 것이라고 했다.

　오후에도 계속 비둘기와 숨바꼭질하며 콩을 심었다. 돌아오는 길에 남편이 말했다. 비둘기도 먹고, 나도 먹고, 땅도 먹는 농사를 짓자고 했다. 선한 그는 계속 나에게 삼분의 일만 우리가 먹으면 된다고 했다. 그러니 너무 야박하게 굴지 말라고 했다. 가장 많이 자연을 소유하고 있는 인간이 양보하고, 배려해야 모두가 평안할 것이라고 덧붙여 말했다.

　아침 일찍 서둘러 밭으로 갔다. 이른 아침인데 벌써 비둘기가 밭이랑에 떼 지어 날고 있다. 물을 들고 가니 콩 심은 곳 여러 곳이 파헤쳐져 있다. 심었던 콩을 녀석들이 마구 파먹었다. 군데군데 남아 있는 곳에 비닐을 덮어 주었다. 그리고 잠시 쉬고 있는데 또 날아와 둔덕에서 호시탐탐 먹이를 가져갈 기회를 노리고 있다. 남편이 크게 소리친다.

　"얘들아! 너희들은 이미 네 몫은 다 먹었어. 나머지는 내

엣이야."

　남편은 자연과 사람이 하나 되는 일도, 동물을 배려하는 것도 큰 인내가 필요하다고 한다. 그리고 요즘 비둘기는 참 영악스럽다고 눈살을 찌푸린다. 그러더니 찌그러진 양동이와 막대를 가지고 나간다. 그리고 비둘기만 오면 힘껏 두드리며 쫓는다. 밀짚모자 쓴 남편과 낮게 날고 있는 비둘기 모습이 움직이는 조각품이다.

(2019년 5월)

길 위의 작가

 80세가 넘은 노인이다. 그러나 목소리가 매우 우렁차다. 그럴 뿐만 아니라 큰 소리로 껄껄 웃는 모습이 영락없는 개구쟁이 소년이다. 천진스러운 표정은 옆에 있는 사람들에게로 미소가 흘러간다.
 산림문학회에서 올해는 청송으로 문학기행을 갔다. 김주영 작가를 만나기 위해서다. 대하소설 《객주》를 기념하기 위해 폐교된 진보제일고등학교를 증개축해서 객주문학관으로 운영하고 있다. 전시실과 도서관 그리고 집필실과 숙박을 할 수 있는 객실 공간까지 갖추고 있다.
 도착하고 바로 작가의 강연이 시작되었다. 가난했던 어린 시절 이야기가 가슴 아프게 들렸다. 특히 아버지께서 늘 때렸다고 말할 때는 작가의 표정이 많이 어두워졌다. 그러다가 다른 이야기로 화제를 돌리고 한바탕 크게 웃었다. 작가의 불우했던 시절이 작품에 밑거름이 되어서 대하소설 《객주》가 탄생한 것이다. 그러기에 장터 백성의 삶을 사실대로 적나라하게 표현할 수 있었지 싶다.

  작가는 늘 길 위에 서 있었다. 전국 장터를 돌며 밑바닥에 떨어진 장돌뱅이 말들을 주워서 글로 빚었다. 깨알과 같은 글씨로 메모한 수첩을 보니 감탄이 저절로 나온다. 떠돌아다니며 그렇게 채집한 것을 완성의 낱말로 탄생시켰다. 여인숙을 전전하며 작품에 몰두한 결과물이다. 작가들이 천부적으로 글을 잘 쓰는 사람이 몇이나 될까? 나름대로 부지런하고 끈질기게 길 위를 걷고, 그곳 풍경을 보고, 관찰하고 느낀 것을 녹여내는 사람들이다. 찐득하게 해석한 언어의 덩어리들이 작품을 낳았다.

  아침에 일어나서 주변을 산책했다. 안개가 자욱한 뒷길을 걸어서 숲으로 갔다. 소나무와 안개가 한통속이 되어서 나를 술래로 만든다. 희미한 숲의 아침은 수없는 질문 덩어리를 불러온다. 의문에 의문을 덧칠한다. 쉽게 근접할 수 없는 차진 문장들을 언제 만나고, 만들 수 있을까? 머릿속에서만 맴도는 낱말들을 잡을 수 없다. 그만큼 덜 걷고, 게으른 탓 아닐까.

앞이 보이지 않는 소나무 오솔길을 걸었다. 보물찾기하듯 희미한 안개를 헤치며 길 위에서 맴도는 문장들을 찾고 있다. 발밑을 보고, 고개 들어서 하늘을 보기도 한다. 손으로 잡히지 않은 안개처럼 늘 갈망하지만, 빈손이 되는 허망함이라니. 아직도 덜 성숙된 마음자리가 눈앞을 가려서 옹골찬 문장을 보지 못한다. 더 길 위에서 정신의 옷을 입혀야 하나 보다.

아침 식사 후 가까운 곳에 있는 백일홍 꽃밭으로 갔다. 잡초가 무성했던 땅을 꽃밭으로 넓게 조성한 곳이다. 빨강, 노랑, 흰색 등의 꽃들이 환하게 웃는다. 크레파스 갑에 있던 색깔들이 외출했다. 어마어마하게 큰 도화지 들판에 기하학적으로 총천연색 무늬를 그렸다. 들판에 각각의 꽃들은 색색의 카드를 하나씩 들고 흔든다.

문인들이 환호성을 지르며 달려간다. 더러는 오순도순 모여서 사진 찍기에 바쁘다. 김주영 작가도 뒷짐 지고 천천히 걷고 있다. 이곳저곳을 보면서 깔깔거리며 웃고 떠드는 젊은 작가들의 행동을 지그시 미소 지으며 바라보고 있다. 그 모습이 참으로 평온해 보인다.

작가 곁으로 다가가서 질문을 했다. 대부분 문학관은 작가 이름으로 짓는데, 객주문학관은 작가 이름으로 쓰지 않은 것에 대해 의문이 간다고 말했다. 그리고 김주영문학관과 객주문학관 차이는 무엇이냐고 물었다. 작가는 잠시 생각하더니 본인은 객주문학관이 더 마음에 든다고 한다. 길 위에서 탄생한 작품에 대한 애정이 남달랐다. 작가 이름보다 작품에 녹아 있는 수많은 민초들의 이름을 먼저 생각한 것 아닐까?

 꽃길을 느긋하게 걷고 있는 김주영 작가의 뒷모습을 우두커니 서서 바라본다. 여유로움과 편안함을 품은 큰 나무다. 거기서도 짙은 향기가 흐른다. 그리고 완성된 그림자가 길게 드리운다. 크게 심호흡하며 부지런히 꽃길 따라 작가의 등 뒤로 다가간다. 내 그림자가 김주영 작가의 그림자에 연결되길 바라면서 길 위를 걷는다.

(2024년 9월)

3부 뱁새 둥지

- 김 교수의 옥수수밭
- 뱁새 둥지
- 집착 끊어내기
- 우리 집 자장가
- 도롱뇽알 집
- 이끼 낀 숲길
- 라일락과 이별
- 내변산을 오르며
- 마리아 보살과 칠층 보탑
- 장생(長生)의 길

김 교수의 옥수수밭

한낮 더위가 사우나방 속에 있는 것같이 뜨겁다. 햇볕이 가마솥 달구듯 산밭을 데운다. 등줄기에 땀이 빗줄기처럼 흐르고 이마에 땀도 덩달아 눈 속으로 흘러 눈 뜨기가 괴롭다.

산골짜기 중간쯤에 있는 김 교수 밭에 옥수수들이 허우적거린다. 잡풀들보다 키를 더 높이려고 고군분투하는 모습이 애처롭다. 풀들은 옥수수 어깨까지 넝쿨이 기세등등하게 올라오고 있다. 밭 주인인 김 교수는 원두막에서 독서 삼매경이다. S대학교 사회학과에서 깅의희는 교수는 일씩이 품들에 항복한 상태다. 옥수수가 스스로 살아가도록 그저 바라보고 있다.

고구마를 심고 열심히 잡초와 씨름을 하는 남편은 쉴 틈없이 일한다. 이른 아침부터 밤늦도록 밭에서 시간을 보낸다. 요즘은 고구마가 줄기를 벋어서 한낮에는 쉬고 있으나 호시탐탐 줄기 사이에 잡풀들이 퍼질까 봐 눈동자는 항상 밭을 향해 있다. 옆 밭에 땅콩을 심은 박 영감은 첫새벽부터 소독 통을 등에 지고 제초제를 뿌려댄다. 영감은 오전 일찍 소독하고 한낮에는 밭에 그림자도 보이지 않는다.

바람이 우리 밭으로 불 때, 영감이 소독하면 내 심기는 불편하다. 무농약 먹거리를 원하는 남편이다. 힘들여 키우는 고구마밭에 영향이 있을까 염려가 되기 때문이다. 몇 번 박영감에게 이야기했지만 막무가내다. 소독하고 난 땅콩밭에는 잡풀들의 시체가 널브러져 있다. 그러나 며칠 후면 누렇게 변한 잡풀들 사이에 다시 풀들이 더 싱싱하게 자라기 시작한다. 제초제를 수시로 뿌려대는 박 영감은 김 교수 밭이 마음에 들지 않는다고 중얼거린다. 잡풀들의 씨앗이 영감 밭까지 날아온다고 질색한다. 그러면서 옥수수밭에 풀들을 눈살 찌푸리며 쳐다본다.

수확이 시작되면 산밭에서는 세 집이 지은 농작물을 서로 조금씩 나눈다. 그러나 교수는 일찌감치 거둠을 끝낸다. 여름 작물인 옥수수와 참외 수박으로 한 해 농사 마무리하기 때문이다. 옥수수를 건네는 그의 얼굴은 항상 경쾌하다. 작은 소출임에도 불구하고 늘 풍년이란다. 그리고 우리가 추수를 끝내는 늦가을까지 원두막에서 책만 읽는다.

　더위가 주춤하는 저녁나절에 나는 옥수수를 보러 김 교수 밭으로 간다. 서쪽으로 기운 태양이 열기를 느슨하게 뿜어대고 있다. 그럴 뿐만 아니라 시원한 바람도 함께 분다. 서늘한 바람 때문에 옥수수가 기운을 차린다. 가느다란 기둥에 어느새 옥수수자루가 달려 있다. 오동통한 옥수수를 보니 바로 수확을 해야 할 것 같다. 잡풀들과 싸우며 결실을 만든 옥수수가 대견하다. 망초와 쑥이 내 허리만큼 커져 있다. 나는 손으로 힘껏 망초의 머리채를 잡아서 땅속에 깊이 들어간 뿌리를 뽑아낸다. 김 교수는 망초꽃이 예쁘다며 나에게 손을 휘저으며 그냥 두란다.

　원두막을 올려다보니 반들반들하게 빛나는 녹색 애호박 하나가 앉은뱅이책상 옆에 있다. 김 교수는 심지도 않았는데 밭 가장자리에 초록 보물들이 있다고 자랑한다. 풀 속에서 애호박을 발견하고, 동그란 보석을 소중하게 생각하는 교수는 얼굴이 만족스러운 표정이다. 그 호박은 소출이 적은 교수를 안타깝게 생각하던 남편이 봄에 교수 모르게 심은 것인데 풀들과 싸우더니 드디어 존재감을 드러냈다. 그동안 교수가 발견 못한 것은 풀들이 호박 싹을 덮어서일 것이다. 그는 늘 자연은 주는 대로 받는 것. 주는 만큼만 소유하는 것이라며 밝은 표정으로 우리에게 말한다. 원두막에는 오늘도 작은 항아리에 들꽃이 물과 함께 들어 있다. 그리고 쟁반에는 서너 개의 옥수수가 담겨 있다.

  그 모습을 본 박 영감은 땅콩밭에서 고개를 좌우로 흔들며 초보 농사꾼이라며 비아냥거린다. 아마 내일 아침에도 영감은 소독 통을 지고 나올 것이다. 원두막에 있는 김 교수와 소독하는 박 영감의 생각 차이는 좁혀질 기미가 보이지 않는다. 그러나 나와 남편은 옥수수밭에 항상 발길이 머문다. 그 밭에서는 풀 여치의 연주 소리가 들리고 나비가 짝꿍과 함께 춤을 춘다. 그뿐만 아니다. 개구리와 지렁이가 있고, 내가 가장 두려워하는 실뱀도 이따금 출몰한다.

  각종 동식물이 사는 김 교수의 옥수수밭이다. 이곳이 바로 작은 생명들이 삶을 지탱할 수 있는 소우주 아닐까. 그곳을 지키는 교수가 참된 농사꾼인 것을.

(2022년 《에세이문학》 여름호)

뱁새 둥지

 칠월이 가까워지니 복분자 가지들이 숨을 몰아쉬며 헐떡거린다. 며칠 동안 계속해서 복분자를 따고 있다. 이마와 등은 땀이 쉴 새 없이 흐른다. 까만 복분자 열매는 너무 익어서 손가락으로 조금만 건드려도 땅으로 떨어진다. 더 이상 수확을 미룰 수가 없다. 이미 익어버린 열매는 장갑을 끼고 딸 수도 없다. 까만 딸기가 모두 망가지기 때문이다. 새벽부터 맨손으로 따는데, 복분자 가시는 계속 내 손을 공격하며 일을 방해한다.
 오늘따라 햇볕이 유난히 강렬하다. 그리고 바람도 느긋하게 쉬고 있다. 두 번째 고랑을 작업하고 있는데 나무 하나가 유난히 크게 자라 있다. 가지도 여러 갈래로 퍼져 있고 열매

역시 많이 달렸다. 까치발을 하면서 꼭대기부터 수확하는데 머리 위에서 목동의 휘파람 소리가 들린다. 작은 뱁새였다. 참새보다 더 작은 몸인 뱁새 두 마리가 하늘에서 빙빙 돌고 있다. 그리고 휘파람 소리와 함께 참새 소리 흉내를 쉬지 않고 내고 있다. 잠시 하던 일을 멈추고 작은 새 바라기를 한다. 멀리 날아가지도 못하고 옆 나뭇가지에서 계속 노래한다. 하지만 노래가 아닌 울음소리와 놀란 소리 같기도 했다. 한참을 날아다니던 뱁새는 날개를 파닥거리며 야산 쪽으로 사라진다.

나무 중간쯤에 열매가 많이 달려 있다. 검은 딸기를 따려고 손을 뻗었는데 새집이 보였다. 갈색 둥우리는 작은 밥공기 같다. 촘촘하게 지푸라기로 엮은 둥우리 속에는 새끼손톱만 한 파란색 알 세 개가 있다. 아! 아까 울던 새가 이 알의 부모였다. 창공을 날면서 손톱만큼만 하늘색을 모아 색칠하며 작은 아가들을 낳았다. 새끼들 안녕을 걱정하며 얼마나 놀랐을지. 나는 뱁새 부부의 놀란 소리를 노래로 들었으니. 어리석음에 당황했다. 급히 밭에서 나왔다. 그리고 새 둥우리를 멀리서 바라본다.

잠시 후 어미 새가 왔다. 그런데 둥우리로 들어가지 않고 가까이에서 빙빙 돌면서 탐색한다. 뭔가 위험 요소가 있나 둘러보는 것 같았다. 때마침 들판 바람이 몰려왔다. 복분자

가지를 마구 흔든다. 뱁새 엄마는 황급히 둥우리로 들어간다. 바람은 회오리를 만들며 더욱 사납게 분다. 나는 흔들리는 가지를 안타깝게 바라볼 뿐이다. 도울 방법이 없어서 애타는 마음으로 바람이 떠나기를 빈다. 한참 복분자 나무 팔을 가지고 놀던 바람이 놀이가 싫증 났나 보다. 벌판 끝 쪽으로 휙 가버린다.

고요해진 틈을 타 가만가만 둥우리 쪽으로 간다. 어미 새는 외출 중이다. 옹기종기 모여 있는 파란 알들이 반짝거린다. 햇볕은 어미 대신 하늘색 알들을 어루만지고 있다. 파란색 아가들은 하늘의 작은 조각들이다. 알 속에서 시간을 기다리며 어미와 태양의 수고로 작은 우주를 만들고 있다. 고물거리며 작은 타원형 속 바다에서 조금씩 해안선의 경계를 깨고 하늘을 향해 나올 준비를 한다. 소우주의 생명체다. 자연만이 만들 수 있는 신비함에 바라보며 웃음 짓는다. 행복한 순간을 나 혼자만 누리기가 아쉬워 여러 사람과 나누고 싶었다.

핸드폰으로 살며시 사진을 찍었다. 그리고 손주들에게 전송했나. 잠시 후 아이들이 달려왔나. 신기해하는 아이들이 들떠서 목소리가 커진다. 어미 새가 또 놀라서 날아간다. 아이들에게 불안해하는 어미 뱁새를 생각하자고 했다. 아이들은 얼른 안내 표지판을 만들자고 한다. 그리고 어떤 문구를 쓸까 서로 의논하더니 빨간 매직펜으로 굵게 표기한다. 작은 표지판을 가득 채운 글씨가 꼬물거린다. "속삭임을 좋아하는 새끼 뱁새가 있어요!" 둥우리 가까운 나무에 표지판을 달려고 준비한다. 발뒤꿈치를 들고 가만가만 가는 아이들 모습이 숨바꼭질하는 술래 같다. 하늘색 뱁새알의 앙증맞은 모습과 아이들이 같아 보인다.

햇볕이 하품하며 길게 누워서 쉬는 저녁나절이다. 다시 뱁새의 집을 보았다. 집터 가장자리에는 풍성하게 달린 열매가 바람에 흔들리고, 더러는 땅으로 떨어지고 있다. 아이들이 말한다. 복분자딸기처럼 뱁새 가족도 식구가 많이 늘어났으면 좋겠다고. 손주의 마음에 생명의 탄생을 경외심으로 바라보는 힘이 가득 들어 있다. 어쩌면 파란 새알들을 보면서 생긴 것은 아닐까? 사랑으로 볼 수 있는 눈을 만들어 준 둥우리 속 뱁새 가족들이 대견하다.

장마가 오기 전에 파란 생명들이 하늘을 날 수 있기를 바라면서 가슴에 두 손을 포갠다.

(2019년 6월)

집착 끊어내기

 장마가 시작되었다. 어제부터 비구름이 하늘 문을 들락거린다. 오락가락하는 빗방울을 따라 우산도 리듬을 탄다. 우산을 폈다 접기를 반복한다. 잠시 비가 숨 고르기를 한다.
 복분자밭에 살림을 차린 뱁새 가족이 걱정되어 집을 나선다. 새끼 뱁새가 어미처럼 커져서 둥우리가 비좁다. 서로 치열하게 자리다툼을 하고 있다. 하지만 밖으로는 나오지 못하고 있다. 언제 날아오르려나 매일 기다리며 둥지를 바라봤다. 아직도 밖에 세상이 두려운가 보다. 힘없는 녀석은 둥지 끝까지 밀려나 대롱대롱 매달리면서도 날지 않았다.
 버스에서 내리니 갑자기 소낙비가 내린다. 늘 그러듯이 커다란 우산을 써도 시골 들길은 거침없이 흙탕물이 발로 스며든다. 까치발을 하고 걷는다. 그러나 금방 발목까지 물이 찬다. 포기하고 흙탕물과 벗하며 걸어간다. 숙성된 흙과 섞인 물이 발을 편하게 한다. 흙의 점성은 걸음걸이를 붙잡는다. 한 박자씩 느리게 걷는다. 외딴길 가장자리에 수북하게 쌓인 거름에서 익숙한 시골 냄새가 나서 코를 벌름거리게 한다.

밭고랑마다 빗물이 흥건하게 고여 있다. 어차피 젖은 발이라 장화도 신지 않고 바로 복분자밭으로 간다. 젖은 둥지에는 아무도 없다. 뱁새 가족이 모두 떠났다. 다행히 뱁새 새끼들이 장마철에 비를 피해 간 것이 안심된다. 그러나 흔적 없이 사라진 뱁새 가족들을 생각하니 가슴 한구석이 뻥 뚫린 것같이 허전하다. 텅 빈 둥우리에 빗물만 들어찬다. 그간 둥지를 보면서 행복했었다. 쏟아지는 빗방울이 가슴으로 들어온다.

비구름이 먼 산으로 흩어지고 햇살이 말간 얼굴을 하며 다가온다. 해맑은 손녀딸 모습 같다. 그 얼굴을 이제는 조금 떨어져서 보아야 한다. 살면서 수많은 만남과 이별을 겪었다. 가장 힘들었던 일은 부모님과 언니가 갑자기 돌아올 수 없는 길로 떠났을 때다. 그 고통은 깊이를 가늠할 수 없을 정도였다. 그래도 잘 견디고 살았다. 그러나 근래에는 작은 헤어짐도 감당이 안 된다.

십여 년 동안 안양에서 용인까지 오가며 보살폈던 손녀가 자립하겠다고 한다. 나를 더 이상 힘들게 하고 싶지 않아서 내린 결정이었다. 하지만 기특한 생각보다 허전함이 더 크다. 일상적인 생활 리듬이 깨진 상태다. 아이를 돌보느라 바쁘게 지낸 날들이었다. 그런데 시간이 여유로워지니까 분주하게만 살던 내겐 적응이 안 된다.

　딸을 결혼시키고 텅 빈 방을 한동안 그냥 두었다. 가끔 들어가 딸과 지낸 추억을 생각했다. 그리고 떠난 자식의 체취를 느끼며 허전함을 달랬다. 가슴에 가을바람이 들던 날, 들려오는 새 생명 소식에 뛸 듯 기뻤다. 설렘으로 열 달을 십 년처럼 기다렸다. 손녀의 첫울음에 온몸이 흥분되고 떨렸다. 여린 몸을 씻기면 보드라운 살결이 내 거친 손에 아플까 조심스러웠다. 시간마다 배고픔을 울음으로 대신 할 때 서둘러 먹거리를 마련했다. 분주한 나날들이었다. 아이와 교감하며 밀착된 십 년 세월이다. 힘든 것보다 즐거움이 많았던 시간이다.

　빈 둥지를 바라보니 새끼 뱁새들이 먹이를 달라며 짹짹거리던 소리가 들리는 듯하다. 가만가만 다가가도 태양이 만든 그림자 때문에 들키고 만다. 아가들은 어미 새가 먹이를 가져온 줄 알고 제 몸보다도 더 크게 입을 벌려 서로 먹겠다고 아우성쳤다. 본능적으로 먹어야 살 수 있다는 것을 알기에 머리통보다 훨씬 크게 입을 벌렸다. 태어나서 처음 수유를 시작했을 때 손녀는 엄청난 힘으로 어미젖을 빨았다. 젖을 다 먹고 나면 이마에 송골송골 땀방울이 맺혔다. 그 모습을 행복하게 바라봤다.

떠나는 것을 마음으로 보내지 못한다. 자주 되뇌고, 찾고 허전해한다. 특히 손녀 모습이 눈에 아른거린다. 딸의 식구는 엄연히 독립적 가족이다. 그들은 그들대로 나는 나대로 살아야 한다. 머릿속으로는 인정이 되는데 가슴 한편에서는 계속 붙들고 있다. 내려놓기 가장 어려운 것이 가족의 분가인 것 같다. 딸 결혼으로 힘이 들었다. 어디 먼 나라로 떠나는 것처럼 몹시 아쉽고 허전했다. 이제는 정 붙이던 손녀와도 떨어져 살아야 하니 그것이 훨씬 더 서운하다.

항상 손녀는 내 손이 필요했다. 손끝에서 끊어내지 못한 애착이 마음을 어둡게 가두고 있다. 앞으로 삶에서도 또 다른 형태로 헤어짐과 분리는 지속될 것이다. 그런데 시간이 흐를수록 이별이 더 힘이 든다. 자신감은 없어지고 집착만 심해지는 것 같다. 그것이 일상을 어렵게 한다. 진정 사랑은 놓아주어야 더 큰 행복이 올 텐데.

산 아래 하얀 지붕이 붉은빛으로 물든다. 창문으로 스며드는 빛에서 저녁의 여유로움이 느껴진다. 잠시 눈동자가 그곳 창문에 멈춰진다. 그리고 붉어진 집을 바라보며 상상한다.

그 집에도 분가한 신혼들이 가족을 이루고 오순도순 저녁상을 마주하고 있을 것 같다. 그러나 그 가족도 아이의 손이 부모 손만큼 커지면 지금과 다른 형태로 바뀌겠지?

결국 마지막까지 함께할 사람은 처음 가족을 구성한 부부일 뿐. 그래서 배우자는 촌수도 무촌이다. 마음을 굳게 다잡는다. 둥지를 떠난 뱁새를 잊어야겠다. 딸 가족도 멀리서 보자. 주홍빛으로 변한 들길을 걷는다. 이젠 남편만 남아서 나를 기다리고 있는 집을 향해 빠른 걸음을 옮긴다.

(2021년 《산림문학》 여름호)

우리 집 자장가

　문예 창작 단톡방이 톡톡 소리를 낸다. 오늘도 어김없이 교수님 글이 올라온다. 참 부지런한 분이다. 강의실에서뿐 아니라 문자 메시지로도 강의 열정이 대단하시다.
　보내준 자료는 1950년대 흑백 사진과 노래를 실은 동영상이다. 사진 속에는 단발머리 소녀들 세 명이 웃고 있다. 그중 한 명이 아기를 업고 수줍은 듯 서 있다. 소녀들의 옷매무새에 궁핍이 고스란히 묻어 있다. 그뿐만이 아니다. 뒷배경에 있는 산이 모두 발가벗고 있다. 사진이 노래를 싣고 있다. 〈엄마야 누나야 강변 살자〉 노래에 옛 풍경이 함께 흐른다. 한국전쟁 직후 사진인 것 같다. 그 속에 검정치마와 흰 저고리를 입고 나도 끼어 있는 듯하다.

소월(素月) 님의 시를 그 증손녀 김상은이 부른, 아주 귀한 자료이다. 대를 이어가는 모습이 감동적이다. 그 노래를 나는 자장가로 딸들에게 불러주었다. 큰딸이 돌이 되기 전에 홍역에 걸렸다. 한 달을 넘게 고열에 시달리는 아이를 업고 밤새 불러주었던 자장가이다. 해열제로도 차도가 없는 아이를 누이면 호흡을 못하고 헐떡거렸다. 곧 죽을 것 같은 아이를 다시 업고 아침이 올 때까지 부르고 또 불렀다.

아이의 불덩이 같던 몸이 내 등에 닿으면 옷에 땀이 흥건히 배었다. 별다른 치료 약도 없던 때라 그저 해열제와 얼음으로 달랬다. 고열 때문에 피부가 온통 빨간 물이 든 아이는 울 힘조차 없었다. 그런데 신기한 것은 자장가만 불러주면 바로 잠이 들었다. 가만가만 낮은 음으로 불러준 노래가 안정되어서 잠이 왔을 것이다. 새근새근 숨소리가 나면 포근하게 안아주었다.

둘째와 막내도 잠을 안 자고 칭얼댈 때면 나는 늘 그 노래를 자장가로 불러주었다. 그러면 잠투정이 심한 둘째는 스르르 잠이 들었다. 특히 막내는 초등학교 들어가기 직전까지 불러주었다. 그렇게 딸들은 그 노래와 함께 성장했다. 노래의 영향력이 그런 것이다. 한 개인뿐 아니라 모든 이들을 위로하고 치료한다. 또한 평안과 희망을 안겨주기도 한다.

딸들이 직장을 다니니 어쩔 수 없이 손자의 육아는 내 몫이 되었다. 큰손주가 제 어미를 닮아서인지 유난히 병약했다. 17개월 때 눈 밑으로 대상포진이 생겼다. 너무 어린아이가 위험한 부위에 걸렸다고 소아과 의사도 놀랐다. 일주일간 입원을 하며 치료했다. 아이가 엄마와 떨어지니 밤새 울고 심통을 부렸다. 딸은 직장을 그만둘까 심각하게 고민도 했다.

병실이 답답해서 울고 떼쓰는 아이를 업고 병원 밖으로 나왔다. 그리고 '엄마야 누나야' 노래를 자장가로 불렀다. 숨이 차서 조금 쉬고 있으면 계속 자장가를 더 부르라고 졸라댔다. 사흘 내내 아이는 심하게 보챘다. 그럴 때마다 밖으로 나와서 노래를 불러주었다. 퇴원하기 전날도 그 자장가는 계속되었다. 그런데 등짝에 찰싹 붙어 있던 아이가 팔을 휘두르며 장단을 맞추고 있는 게 아닌가. 그리고 노랫말도 조금씩 따라 하고 있었다.

둘째 손녀는 유난히 예민했다. 자장가를 불러주며 간신히 잠을 재웠다. 그러나 작은 소리에도 깜짝 놀라 일어나는 일이 자주 있었다. 가장 많이 자장가를 불러주었고, 듣던 아이가 그 손녀였을 것이다. 그래서인가 아이는 지금도 그 노래를 기억하고 있다. 나는 김소월의 시, 자장가를 대를 이어 불러주었다. 그리고 아련한 추억을 만들어 주었다. 좋은 글과 그림, 특히 노래는 계속 이어져 사람들에게 영향을 준다.

이 노래의 영상을 아이들 단톡에 올렸다. 딸과 손주들이 모두 옛 생각이 났는지 고맙다고 한다. 잠시 가족들의 추억을 소환시키는 시간이었다. 특히 내 추억은 더더욱 간절하고 남달랐다. 딸들과 손주를 돌보던 시절이 자장가와 함께 달콤하게 포장되었다. 힘든 시간은 희미해지고 즐거웠던 기억만 남았기 때문이다.

 요즘 들어 불면증이 심하다. 두어 시간을 뒤척거리는 일은 다반사이다. 밤새 한숨도 못 자는 날도 여러 날이다. 어젯밤에는 핸드폰에 저장된 소월의 자장가를 들었다. 그리고 일어나 보니 아침 일곱 시였다. 오랜만에 잠을 푹 잔 것이다. 자장가의 힘이 딸들에서 손주에게로 흐르더니, 이젠 내게로 왔다.

(2024년 9월)

도롱뇽알 집

 커튼을 젖히니, 앞산에 동이 튼다. 산 능선이 정확하게 보인다. 자주 회색의 미세먼지로 덮여서 희미하던 봉우리들이 오늘은 선명하다. 하늘도 맑다. 오랜만에 미세먼지가 멀리 날아갔다.
 늘 바라만 보던 산이다. 오늘은 기필코 저 산에 올라가야겠다. 배낭에 물과 간식, 그리고 얇은 점퍼, 스틱까지 챙겨 넣는다. 집 앞에 나지막한 산도 산은 산이다. 버릇되어 빈틈없이 준비한다.
 석 달째 칩거 중이다. 눈에 보이지 않는 코로나19 바이러스로 모든 사람이 두려워한다. 요즈음 사회적 거리두기 때문에 동네도 마음 편하게 나갈 수 없어서 답답했다. 북적이던 넓은 도로가 한산하다. 차도 사람도 드문드문하다. 산 쪽으로 난 넓은 길을 올라간다. 경사가 심한 길이다. 타운하우스 때문에 낸 길이라 초입부터 숨이 차다. 등에 멘 배낭이 무겁다. 길게 호흡하면서 천천히 올라간다.

 깊은 산중이었던 용인시 기흥구 동백동은 예부터 산 지세(地勢)가 좋은 곳이다. 그래서인가 유난히 난개발이 심하다. 아랫마을은 고층아파트가 세워지고 산 중턱까지 타운하우스가 있다. 그리고 지금도 계속 건물들이 들어설 터를 닦고 있다. 산허리가 훤히 드러나 있다. 녹색 바지는 어느새 벗겨지고 푸른 피부가 황토 피를 흘리고 있다.

 군데군데 자투리땅이 남아 있는 곳에 옛길이 있다. 한창 공사 중인 성당 울타리 옆에 작은 출구가 보인다. 그곳으로 나가니 바로 예전에 다녔던 길이 이어져 있다. 오솔길 옆으로 넓은 수로를 내기 위해 파헤쳐져 있는 밭이 있다. 이곳도 커다란 건물이 들어설 준비를 한다. 간신히 길이 이어져 있다. 성당의 배려로 옛길을 보존시킨 것 같다. 사람 손에 의해 상처투성인 산과 들이 하늘을 향해 밭은 숨을 몰아쉰다.

 산길에는 다니는 사람이 없다. 낙엽이 쌓여서 푹신한 매트 위를 걷는 기분이다. 산이 신음하면서 내어준 길이다. 이곳은 산의 시간이 축적되어 있다. 나뭇잎과 바람에 역사가 켜켜이 쌓인 길을 걷고 있다.

경사가 시작되는 지점에 도착하니 이름 모를 작은 보라색 꽃들이 웃고 있다. 연둣빛 갈참나무 아래 진달래도 살며시 웃는다. 그리고 그 밑에는 무더기로 작은 꽃들이 옹기종기 모여서 다정하게 손잡고 있다. 층층이 서서 그네들은 어떤 이야기를 할까? 잠시 산에 있는 생명들의 이야기를 듣고 싶어서 낙엽 위에 앉는다. 그런데 바로 눈앞에 옹달샘이 보인다. 가만히 샘 가운데를 들여다보니 도롱뇽알 집이 가득하다.

"아! 얼마 만에 보는 얼굴들인가?"

옹달샘은 아래쪽 밭에 공사로 도랑물이 막혀 물 흐름이 원만하지 못하다. 그래서 매우 지저분하다. 알집들이 모두 녹조를 뒤집어쓰고 있다. 작은 녹색 알집 속에서 까만 눈동자들이 답답하다고 한다. 탁한 웅덩이 속에 검은 눈들이 애처롭다. 오십 년 전에 보던 말간 얼굴들이 아니다. 급히 나뭇가지로 알집을 조심스럽게 꺼낸다. 아래쪽 도랑물에 살살 흔들어 씻는다. 알집이 터질까 봐 조바심이 난다.

잠시 후 연두색으로 변한 알집에는 수많은 눈동자가 반짝이고 있다. 이 아이들이 과연 세상을 향해 나올 수 있을까? 안타까운 마음으로 다른 알집도 조심스럽게 흔들어 준다. 덮어쓴 녹조가 조금씩 사라지니 크게 심호흡하며 알들이 반긴다. 그동안 얼마나 답답했을까. 마치 회색으로 덮혀 버린 하늘만 바라보던 내 눈도 그들과 같으리라.

이 산에 주인인 도롱뇽의 삶터를 야금야금 점령하는 전원주택단지들이 옹달샘까지 기웃거린다. 산 중턱까지 지어진 집 창가에 인공 화분이 강한 삼원색을 자랑하며 걸려 있다. 자연을 모방한, 화려하기만 한 꽃이다. 포식자가 되어 산을 호시탐탐 바라보고 있다.

함석헌 선생께서 말씀하신 것이 생각난다. 마을에 늙은 느티나무가 잘리는 것은 그곳에 깃든 혼이 산으로 도망친다고 했다. 그래서 마을에 남는 것은 주고받기와 시비, 깔고 앉으려는 사람과 깔린 사람만 있을 거라고 했다. 고작 느티나무 한 그루 사라지는 것도 두려워했는데, 지금은 산이 통째로 없어지는 것이 다반사다. 그러니 녹조를 쓰고 도롱뇽알이 위협을 받고, 바이러스로 사람들이 두려움에 떨고 있는 것 아닌가. 환경파괴로 인해 지구가 열병에 시달리고 있다. 어쩌면 마지막으로 병원체를 퍼트려 위협하며 호소하는 건 아닌지.

이곳 산도 가슴까지 도시에 내어주고 숨을 몰아쉬며 가까스로 버티고 있다. 마지막 생명줄인 마을 뒷조산이다. 이곳에서 허리춤을 움켜쥐고 산란지를 찾아다녀야 했던 도롱뇽 어미가 딱하다. 혼탁하지만 선택에 여지가 없이 옹달샘에서 산란했던 고충을 생각하니 애처로운 마음이 든다.

좁아진 논과 습지 때문에 도롱뇽의 집터가 사라지고 있다. 이 아이들이 얼마나 생존할 수 있을까. 특히 환경 적응이 느린 동물들이 개체군이 감소하는 현실을 생각하니, 사라지는 동물에 대한 애착이 더 느껴진다. 도롱뇽이 관심종이라 한다. 포획이 금지되어 있단다. 그러나 포획하기 전에 환경파괴로 더 빠르게 사라질 것이다.

  소녀 때 보았던 맑은 도롱뇽알 얼굴이 그립다. 녹조를 쓰고 떠날 준비부터 해야 하는 도롱뇽 아이들이 안타깝다. 내 청춘에 추억이었던 오솔길과 산 아래 아지랑이가 환경파괴로 이제는 희귀한 것이 되었다.

  자주 회색 하늘을 봐야 하는 나와 동질인 생명 도롱뇽알들, 귀 기울여본다. 아주 작은 외침과 흐느낌이 들린다. 나는 산길을 더 이상 걸을 수가 없다. 살아남으려는 그들에게는 내 발걸음도 치명적일 수가 있으니까.

  천천히 오솔길을 내려온다. 등에 진 배낭이 가볍다. 산속에 가서 심호흡을 맘껏 못해서 아쉬움은 있지만 마음은 편안하다. 올려다본 멱조산 봉우리가 오늘은 웃는다. 나도 미소 지으며 간절하게 빌어본다. 도롱뇽 아가들이 부디 다 태어나서 산 가슴에 안겨 활기차게 다음 세대를 이어주었으면 하고.

(2021년 《산림문학》 봄호)

이끼 낀 숲길

　국립산림과학원 홍릉 숲길. 사람이나 동물이 그리 들르지 않았는지, 마냥 청초하고 싱그럽다. 산길이 온통 녹색 융단으로 깔려 있다.
　알아보니 이곳은 근무하는 직원이나 관련 업무를 보는 사람 외에는 출입할 수 없다. 평일은 입구에서부터 일반 사람의 출입을 통제한다. 다행히 내가 수요일에 이곳에 올 수 있었던 것은 산림문학회와 인연 때문이다.
　E 시인의 숲 해설을 들으며 숲길을 천천히 올라간다. 호젓한 길을 따라 숲속의 식구들과 눈맞춤을 한다. 10월의 숲은 겨울 준비로 부산하다. 저마다 끝맺음하려고 바삐 움직인다. 나뭇잎들은 요란한 색깔 잔치를 벌이고 있다. 묵묵하게 서

있는 나무 기둥의 뒤태가 한 줌 햇살로 반짝인다. 한 발짝도 움직이지 못하고 한곳에서 긴 시간을 버티는 나무들이다. 그들은 자신들의 방식대로 계절의 변화를 몸과 잎으로 아름답게 표현한다. 다그치는 일도, 참견하는 이도 없는 고요한 숲이다. 사람의 발길이 뜸한 이곳은 숲에 사는 정령들 쉼터이다. 가장 큰 도시 서울에 이런 장소가 있다는 것이 참으로 다행스러운 일이다.

길섶에 풀과 작은 나무들이 아주 튼튼하게 자라고 있다. 사람의 간섭을 덜 받은 탓 아닐까. 산길은 녹색 이끼로 덮여 있다. 관리원이 입구 쪽에 있는 무궁화나무를 절지하고 있다. 이곳까지 와서 잔 나뭇가지를 자를 것 같다. 관리하기 전에 모습을 보게 되어서 숲의 본모습을 가깝게 느낄 수 있다. 앞서가는 시인의 엉덩이가 나뭇잎처럼 가볍게 살랑살랑 움직인다.

느긋하게 일행과 거리를 두고 뒤에서 천천히 걷는다. 설명을 듣고 숲을 보는 것도 좋겠지만, 오늘은 숲의 본모습과 마음을 알아차리고 싶다. 녹색 카펫을 깔아놓은 듯한 이끼 일색의 길이다. 그 부드러운 감촉 때문에 발밑이 편안하다.

무심코 걷다가 아차! 실수하고 있다는 것을 알았다. 내 발바닥만 편하게 하자고 이끼의 몸을 짓누르고 있다. 좁은 길도 아닌데 일부러 기분 따라 녹색 길을 택해서 가고 있던 것이다. 황급히 햇빛이 비치는 가장자리로 발을 옮긴다. 바람이 안개를 한 움큼 이끼가 깔린 길에 뿌려준다. 내 발에 눌렸던 이끼들이 다시 힘껏 일어서며 활짝 웃으면 좋으련만.

이끼는 대지의 어머니이다. 태곳적 생물로서 모든 식물의 조상이 된다. 잎과 줄기가 크게 구분되지 않는다. 어머니 자궁 속과 같다. 그곳에서 태동하여 유전적 변이를 거친 모든 식물은 변화를 거듭하면서 저마다 색다르게 고등식물이 되었다.

숲의 어미가 사라지면 숲이 아니다. 근래에는 깊은 산속이 아니면 풍성한 이끼를 발견할 수가 없다. 특히 이끼 낀 녹색 산길은 더더욱 볼 수 없다. 동네 작은 산에서부터 유명한 국유림까지. 온통 사람들의 편리를 위해 길이 포장되어 있다. 안 그러면 길마다 미끄럼 방지를 위해 멍석자리를 깔아 놓았다. 안전을 위해 설치해 놓았다고 하지만, 그로 인해서 이끼가 착상할 공간이 좁아져서 안타깝다. 애초 숲의 원주인이 점점 사라지고 있다.

산이나 숲에 이미 수많은 식물의 어미가 갈 곳을 잃고 헤맨다. 생태계의 파괴는 생명의 근원이 사라지는 것이다. 다양한 식물들은 지구촌의 모든 생명체를 먹이고 가꾼다. 사람이나 동물들에게도 아주 중요하다. 광합성을 통해 탄소를 흡수하고 산소를 방출하여 건강한 생태계를 지속시키는 첨병이다. 여기에 이끼의 생장은 아주 중요한 역할을 한다. 모름지기 이끼가 넓게 퍼져 나가야 할 공간을 확보해 주어야 한다.

그나마 다행인 것은 휴식년제 시행으로 작은 식물들이 보호되고 있다는 점이다. 하지만, 이 정책을 대폭 확대해 나가야 한다. 그래서 산 곳곳이 더 넓게 녹색으로 물들기를 희망한다.

숲의 조상을 반갑게 만날 수 있는 녹색 길. 진초록 이끼 낀 비단길을 걸으며 태고의 목소리를 듣는 것이 즐겁다. 어미의 어미로 이어지는 순환의 시간을 들여다보며 공간 여행을 한다. 그것이 곧 나의 존재를 알아가는 과정 아닐까.

푸른 비단길을 뒤로하고 산길을 내려온다. 이곳이 녹색 길로 오래도록 남아 있기를 기원한다. 나아가 이런 이끼 낀 산길이 많아져 태곳적 얼굴로, 어미의 조상으로 늘 머물기를 소망한다. 그 지속이 곧 나의 생명을 지키는 일이고 거기에 생명의 근원이 존재하는 곳이기에.

(2023년 《산림문학》 겨울호)

라일락과 이별

　오월 첫날 농막에 갔다. 허름한 비닐하우스 옆에 라일락꽃이 톡톡 터진다. 새초롬한 갈래머리 처녀가 보라색 원피스를 입고 오월 바람에 살랑거린다. 긴 한숨을 쉬는 내게 그녀는 명품 향수보다 더 진한 향기를 보내며 나를 위로한다. 꽃송이를 살짝 만지니 파라솔 펼치듯 활짝 웃는다. 고운 이와 이별이 참 힘들다.

　십여 년 전 사월 어느 날이었다. 이웃에 살고 있던 친구가 커피를 마시자고 했다. 그녀의 집에는 기다란 화분에 라일락이 심겨 있었다. 그런데 그 나무 옆에 검지만 한 작은 나무가 있었다. 좁은 방에서 소복하게 아이를 낳았다. 그중에서 가장 튼튼해 보이는 아이를 이곳 농막으로 데려왔다. 그리고 문 옆에 심었다.

　처음에는 가족과 이별이 힘들었는지 시들시들 말라갔다. 나는 물과 거름을 주면서 라일락 아기를 보살폈다. 오월이 지나니 가느다란 다리는 조금씩 굵어져 단단하게 땅을 딛고 있다. 팔도 하늘을 나는 참새를 이리저리 쫓아내고 있다. 그리고 가을이 되니까 앙증맞은 잎을 황 노란색 분칠 화장까지 했다.

　그해 겨울은 몹시 추웠다. 눈 포탄이 내리던 날, 갈걷이 끝내고 가지 않던 농막에 갔다. 농막 지붕에 있던 눈을 쓸어내리고 라일락을 보았다. 사나운 바람과 눈 포탄을 견디며 위태롭게 있다. 가지 끝이 바싹 긴장하고 있었다. 옷을 벗은 몸이 더 애처롭다. 조금씩 나뭇가지를 다듬어 주면서 겨울을 잘 이기라고 따뜻한 목소리로 다독였다.

　그렇게 라일락은 한 해 두 해 몸피를 늘렸다. 그러더니 몇 년 전 오월부터 진주알만 한 꽃잎이 모여 보라색 꽃송이를 피우기 시작했다. 그리고 바삐 움직이는 내게 쉼표를 달아주었다. 착한 오월 바람과 함께 하늘거리는 모습을 보며 나는 평상에서 점심을 먹었고 차 한 잔의 여유도 부렸다. 여름이면 뜨거운 태양의 열기를 막아 나를 쉬게 했다. 작은 몸으로 고단한 노고가 안타까워 나는 반대편에 그늘막을 만들었다. 그리고 그곳으로 평상을 옮겨놓고 봄부터 가을까지 라일락과 눈을 맞추었다.

그러나 라일락과 사랑도 이젠 이별해야 한다. 올 농사가 끝나면 이곳에서 더 이상 농사지을 수 없다. 경기도 서부 지역에 마지막 농지인 이곳도 개발이란 거대한 괴물에게 먹힐 것이다. 4대째 이어진 농지다. 어떠한 어려움이 있어도 매매라는 꼬임에 빠진 적이 없었다. 어렵게 장만한 부모님의 고단함이 묻어 있는 곳이기에. 그리고 풀벌레와 친구 하며 웃는 손주들의 웃음소리가 있는 땅 아닌가. 산업화라는 경제 개념으로 사라지는 농지가 안타깝다. 미래에는 순수 농업이 존재하지 않을 것 같다. 공장 농업, 박제된 곤충들, 시멘트로 정돈된 들길만이 존재할 것이다.

나는 우리 아이들이 논도랑, 밭고랑으로 자유롭게 뛰어다니는 모습을 보며 행복해했다. 그리고 막 자란 들풀 사이에 있는 방아깨비와 여치를 발견하고, 잠시 친구 하다가 놓아주는 영혼이 맑은 아이로 커가는 것을 꿈꾸었다. 메뚜기와의 이별이 슬프다며 언제 또 만날 수 있을까 고민하는 아이들을 보면 나도 가슴에 눈보라가 쌓인다. 라일락 향기를 맡으며 쉬어가던 내 여유는 어디서 다시 해후할 수 있을까?

생명이 없는 배추흰나비 박제를 보면서 아이들은 어떤 감성으로 성장할지 걱정이 앞선다. 다듬지 않은 자유롭고 거친 들판이 사라진다. 그 땅에서 아이들이 풀 속에 있는 건강한 풀벌레와 어울려 자연과 호흡하며 노는 모습도 이젠 볼 수 없다. 그곳은 생명의 질서가 존재하는 곳이다. 정돈된 학습장의 환경과는 차별이 된다. 막 자란 들풀 사이에서 살기 위해 치열하게 생존경쟁하는 풀벌레의 강인한 정신력을 나는 늘 보았다. 그것은 온실에서 나온 나비의 연약함과 일찍 핀 화분 속에 가녀린 몸매의 꽃과는 확연한 차이가 있다.

마땅히 갈 곳도 정해지지 않은 라일락꽃이 올해는 유난히 탐스럽고 화려하다. 아마 라일락 아가씨도 이별을 짐작하나 보다. 환하게 웃는 모습 뒤에 눈물이 보인다. 이제 열한 살이 된 처녀를 어디로 보낼지 고민이다. 다시 흙 품으로 보내야 하는데 다 커버린 라일락의 집터를 구하기가 힘들다. 흙한 줌 만나기 어려운 도시는 한 뼘의 마당도 허락지 않는다. 어쩔 수 없이 라일락과 인연의 끈을 놓아야 할 것 같다.

점심을 먹고 옆 밭에서 매실 농사를 짓는 농부에게 라일락을 부탁했다. 흔쾌히 전라도 땅으로, 그 밭에서 자라는 매실나무와 함께 데려간단다. 그리고 우리 농막에서 그랬듯이 문 옆에 심겠다고 한다. 마음속에 가득 들어 있던 근심덩어리가 말끔하게 사라진다. 그런데 시집을 먼 곳으로 보내려니 자주 보고 싶을 것 같다.

아이에게 사진을 찍으라고 했다. 나는 흰 스카프에 화려하게 핀 라일락꽃을 옮길 것이다. 5월이 오면 목에 두르고 보랏

빛 목소리를 들을 것이다. 십여 년 도란도란 나누던 이야기를 계속하고 싶다. 그리고 향기와 자태를, 그곳 평상과 출렁이던 녹색 바다를 마음에 눈(目) 하나 만들고 이어갈 것이다.

(2019년 《산림문학》 가을호 등단작)

내변산을 오르며

숲길에 들어서니 선선하다. 차 안의 에어컨 바람과는 비교할 수 없이 쾌적하다. 시원한 바람이 몸을 편안하게 한다. 약간의 멀미와 두통이 사라진다. 걷기 편안하게 자갈로 정돈한 길이 가지런하다. 조금 올라가니 대숲이 나온다. 죽순 껍질이 여기저기 흩어져 있다. 조금 전에 죽순을 거두었나 보다.

처음 듣는 익숙지 않은 새소리가 귓가에 붙는다. 아름다운 멜로디였다. 골 깊은 숲속에는 바람과 새소리가 어울려 동굴 속에서 나는 묵직한 소리가 된다. 느리고 깊은 해저 명상음악이 흐른다. 내가 사는 공원의 까치 소리와는 전혀 다른 신기한 음이다. 몸의 모든 감각이 호사한다. 그동안 피로에 시달렸던 몸이 산뜻한 에너지로 채워진다. 발걸음이 빨라진다.

내변산 주차장에서 시작해 직소폭포까지 왕복 4.5km, 두 시간 거리였다. 피곤한 상태여서 다녀올 수 있을까 고민했는데 거뜬할 것 같다. 살랑살랑 움직이는 숲 바람이 동행한다. 새소리와 화음을 맞추며 경쾌한 요들송을 부르며 걸어갔다.

산 중간쯤 걸어가는데 저수지가 보인다. 부안 시민들의 생명수인 직소보이다. 겹겹이 산 능선의 호위를 받으며 호수가 편안하게 앉아 있다. 물 표면은 햇볕을 받아서 물비늘이 반짝이며 춤춘다. 뒤쪽에서 흐뭇하게 바라보는 거대한 바위산. 마치 어머니가 양팔 벌려 아이를 포근하게 감싸안은 것 같다. 산신께서 로키의 산과 호수를 작게 만들어 이곳으로 옮긴 것 같다. 로키를 대표하는 마운틴 빅토리아와 레이크 루이스를 이곳에서 만난다. 그리고 가까이에 있는 산을 다른 눈으로 읽으니 신라 선덕여왕으로 보인다. 그러나 호수는 이름 붙일 공주가 떠오르지 않는다

한참 호수를 바라보며 엄마와 딸의 관계를 생각한다. 이번 여행은 나와 딸 그리고 손녀 삼 대가 왔다. 손녀가 태어나면서부터 서로에게 느끼는 감정이 다르다. 나는 딸이 먼저 보이고, 딸은 손녀를 먼저 보았을 것이다. 서로 다른 시각으로 느끼고, 생각하고, 행동하니까 바라보는 각도가 다를 수밖에 없다. 각을 다듬고, 생각을 맞추려고 부단히 노력했다. 각자 각이 없는 원을 만들기 위해 마음을 깎고 매만졌다. 시간이

보태지면서 이제는 잘 굴러가는 둥근 공이 되었다. 그렇게 익숙하기까지는 모성이란 생리 때문에 배려가 먼저여서 가능했으리라.

호수 가장자리로 갔다. 송사리와 비슷한 물고기들이 보인다. 내 그림자가 물 표면에 일렁인다. 그림자 따라 물고기들이 움직인다. 아마 산을 다녀가는 사람들이 먹이를 던져주었나 보다. 습관이 되어 따라오는 물고기들이다. 먹이에 현혹되어 움직이는 물고기 행동이 꼬리 흔드는 우리 집 강아지처럼 귀엽다.

제법 경사진 언덕이 나타난다. 숨을 몰아쉬며 청솔가지를 잡았다. 송화에선 봄에 못 떨군 가루가 날린다. 나무의 팔을 의존하면서 직소폭포에 도착했다. 거대한 바위에서 밑으로 바로 떨어지는 물줄기다. 주위에는 나무도, 풀도 없이 오직 큰 바위가 직각으로 서 있다. 낙하하는 폭포는 곧은 성격, 거추장스러운 것이 없다. 올곧은 모습이다. 발길을 옮겨 용소로 갔다. 수심이 무척 깊어 보인다. 내려오는 물줄기가 강했음을 알 수 있다. 움푹 패어서 많은 물을 담은 웅덩이에 돌을 던진다. 깊이를 가늠할 수 없을 만큼 느린 저음이 울린다. 내면이 깊을수록 울리는 감정도 다르다. 심오함과 무던함, 긴 시간의 익음이 있다.

그동안의 내 감정들을 생각한다. 늘 작은 바람에도 흔들리고, 일상적으로 작게 부딪치는 것에도 아파하고, 갈등하며 급하게 행동했다. 감정을 통제하지 못했다. 그래서 주변 사람들의 관계에도 실금이 남아 있는 경우가 종종 있다. 소란스러운 감정을 흐르는 물에 흘려보낸다. 간결하게 담백한 마음으로 변하고 싶다. 그리고 남아 있는 실금을 지워보리라.

  다시 용소로 돌을 던진다. 깊은 울림과 큰 거품이 생긴다. 그곳으로 마음의 눈과 귀가 간다. 귓불에 시원한 물비늘이 걸린다. 눈동자에도 옥빛 구슬이 굴러간다. 그리고 몸 구석구석을 유순해진 폭포의 안개가 쓸어주며 지나간다.

(2019년 6월)

마리아 보살과 칠층 보탑

성북동 길가는 평온하다. 지하철에서 내려 30여 분 천천히 걸어서 올라간다. 길상사 입구를 들어서니 돌덩이가 서너 개 들어 있어서 무거웠던 가슴이 조금 가벼워진다. 오월의 절 마당은 만개한 철쭉과 함께 하늘에는 오색등이 춤춘다. 바람은 살랑거리며 꽃들과 속닥거린다.

스님들의 울력으로 티끌 하나 없는 정갈한 곳이다. 약간 경사가 있는 길을 쉬엄쉬엄 올라간다. 드디어 보고 싶었던 마리아 보살상이 고개를 살짝 숙이며 웃는다. 그 옆쪽 몇 발치에 서 있는 웅장한 칠층 보탑도 보인다. 법정 스님과 천주교 신자인 조각가 최종태 교수의 합작으로 이 세상에 온 마리아 보살상이다. 그리고 아름다운 종교 화합을 보고 기독교인 영안모자 백성학 회장이 칠층 보탑을 기증했다. 이곳에서만 가능했던 사찰과 성당, 교회의 화합이다. 머리에는 관을 써서 관세음보살이다. 그러나 살짝 감은 눈과 오뚝한 코 그리고 갸름한 얼굴 윤곽은 영락없는 마리아상이다. 더욱이 여느 관세음보살상과는 다르게 이곳 보살상은 나풀거리는 옷깃을 배제하고 간결하게 수녀의 옷으로 마무리했다.

바라보고 있자니 산문 밖에서 들끓었던 마음이 조각조각 흐트러진다. 무엇 때문에 마음이 갈팡질팡했는지. 가슴속에 잔뜩 낀 안개가 차츰 걷힌다. 무명이 벗어나는 순간이다. 행복과 불행이 한 생각으로 바뀌는 것을 느끼는 순간, 그냥 웃음이 나온다. 가장 믿었던 사람에게 심한 상처를 받았다. 이해한다는 것은 닫혀 버린 마음을 열어야 가능하다. 그러나 그 마음의 문을 열기까지 수없이 갈등했다.

그녀는 지금도 핑계를 대며 하루하루 보낸다. 원금과 이자가 밀린 지 서너 달이 지났지만 아주 태평하다. 그리고 없어서 못 주는 거라며 막무가내로 버틴다. 처음에는 나도 기다리며 다방면으로 도움을 주었다. 동사무소에 연락해서 기초연금도 받게 했다. 그뿐만 아니라 서민 임대아파트 당첨권도 안내했다. 무료 급식소도 같이 갔고, 은행 이자도 내가 대신 해결했다. 아직은 젊고 건강해서 직업도 백방으로 알아보고 알선해 주었다. 그러나 그녀는 아무런 관심이 없다. 임대아파트도, 일자리도 모두 거절하고 매일 무료하게 시간만 보내고 있다.

나를 힘들게 하는 것은 돈 때문만이 아니다. 모든 일에 시비한다. 남편이 있어서, 아이들이 있어서 행복하겠다며 질투한다. 마치 내가 그녀를 불행하게 한 것처럼 생각한다. 외로운 처지인 그녀가 나를 비교하면 더 슬플 거라고 이해는 한다. 하지만 때론 정도가 지나칠 때가 많아서 가슴에 바위가 눌러앉는 기분이 든다.

평일이라서 사람들이 적다. 하늘을 향해 층층이 햇볕바라기를 하는 석탑 아래 앉아서 골똘히 생각한다. 마리아와 관세음보살, 그리고 칠층 보탑이 선 이곳도 한 여인의 맑고 향기로운 생각에서 시작되었다. 백석의 여인 김영한은 기생에서 영원한 시인의 연인이 되었다. 향기 나는 사람이 되기까지 수없이 마음 비우기를 했던 사람이다. 《무소유》를 읽고 법정 스님을 십 년 동안 설득해서 요정이었던 이곳을 절터로 만들었다. 백석의 '흰 당나귀'로 평생 그리워한 여인이다. 길상화(김영한) 공덕주는 사백억이 넘는 재산을 절터로 기증하면서 백석의 시 한 줄값도 안 된다고 했다.

종교 분쟁으로 수없이 전쟁이 일어나고 사람이 희생되었던 인류 역사다. 지금도 지구 한편에서는 종교 갈등이 현재 진행형이다. 돌이켜 보면 나도 힘들다는 이유로 불필요하게 에너지를 썼다. 빌려준 돈 때문에 생활비가 줄어들었다. 그러나 좀 불편해도 더 절약하면 될 일이다. 베풀고 비우는 일이 생각처럼 쉽지 않다. 다른 쪽을 보는 눈이 부족해서이다. 외롭고 가난한 그녀는 매월 생활비에 허덕였을 것이다. 가족이 있는 내가 마냥 부러웠을 것이다. 상대적인 상실감에 무력해진 것은 아닐까. 어떤 각도로 보느냐의 문제이다. 어리석었다는 생각이 든다. 따라오지 못하는 사람에게 기대하고, 실망하고 내 틀에서 벗어나지 못하고 있다. 억지로 풀려고 하면 오히려 더 엉키는 것이다. 그와 나 사이에는 보이지 않는 틈새가 있다.

  마리아 보살이 부드러운 바람을 내게 보낸다. 디딤돌에 걸터앉은 무릎에 너그러운 햇살이 포개진다. 그녀의 상황을 그대로 바라보면 그것이 화합이다. 산문 밖에서 흔들렸던 마음이 이곳에서 단단해진다. 몸 가득 맑고 향기로운 에너지를 채워야겠다. 그것이 내가 행복으로 가는 길이니까.

(2019년 5월)

장생(長生)의 길

　카톡 알림 소리가 났다. 두 달 전까지 소식을 주고받던 Y의 번호다. 내용을 읽어보니 그녀의 아들이 보낸 부고 문자다. 그녀가 죽었단다. 놀라서 다시 확인해 보았다. 보라매병원 영안실이란 글자가 또렷하다. 잠시 온몸의 감각이 정지되는 것 같았다. 어떻게 이런 일이 생겼을까. 두 달 전 통화할 때, 보고 싶다고 만나자고 유난스럽게 보채던 그였다. 코로나19가 진정되고 선선한 가을쯤 만나자고 했다.
　Y는 그림을 시작하면서 만난 벗이다. 나보다 나이가 다섯 살이 어리지만, 뼛속까지 명랑하고 긍정적인 사람이다. 늘 감정 기복이 심한 나는 그녀가 언니 같은 존재였다. 그 시절 남편 실직으로 생활이 어려웠다. 생활고 때문에 주변 친지들

이 부담스러워했다. 그로 인해 상처 또한 많이 받았다. 그런 나를 늘 위로하며 보듬어 주었다. 화실에서 늦도록 그림을 그리면서 그녀와 나는 많은 시간을 보냈다. 그 힘든 시간을, 그녀를 만남으로 치유되었고 다시 살아갈 용기를 얻었다.

돌이켜 보면 나는 Y에게 도움을 준 적이 없다. 그래서 더욱 안타깝다. 그림을 시작한 지 육 년 만에 그녀와 작가 세 사람이 의기투합해서 5인 그룹전을 했다. 가을인데 그녀는 화려한 장미를 그렸다. 평소 그의 성격처럼 밝은 그림이어서 그녀답다고 생각했다. 갤러리 건너편 길에 들국화가 노랗게 피던 때였다. 그녀가 국화처럼 환하게 웃으며 심장이 좋지 않다고 했다. 이미 한 번 수술했고, 다시 치료를 위해 병원에 가야 한단다.

재발한 심장을 달래야 한다던 그녀는 점점 쇠약해졌다. 그림도 손에서 놓고 말았다. 자주 연락하며 걱정을 하는 내게 오히려 그녀가 나를 위로했다. 괜찮다고 하며 늘 큰소리로 웃으며 명랑하게 말했다. 자주 만나지는 못했어도 우리는 종종 전화를 주고받았다. 몇 번씩 입원과 퇴원을 거듭했다. 그때마다 걱정하는 내게 환자인 그녀가 변함없이 외려 나를 달랬다.

코로나 감염병이 시작되면서 그녀는 우울해하기 시작했다. 그 옛날 전시회를 열면서 즐거웠던 일을 떠올리며 한숨을 쉬기도 했다. 이따금 전화를 걸면 나와 작가들이 보고 싶다고 했다. 아마도 만날 수 없기에 더욱 안타깝고 쓸쓸했던 것 같다. 그러던 Y가 홀연히 돌아올 수 없는 곳으로 가버린 것이다. 회한에 눈물이 흘렀다. 보고 싶고, 목소리도 듣고 싶다.

전시회를 했던 안양예술공원에 있는 화이트 브릿지 갤러리로 갔다. 앞쪽에 있는 흰색 칠을 한 철재 다리가 빗물로 녹이 잔뜩 슬어 있다. 올여름은 긴 장마와 태풍, 그리고 코로나까지 겹쳐 모두가 힘든 시간을 보내고 있다. 이곳도 예외는 아닌 듯 다리에 칠이 벗겨져 있는 것을 보니 Y의 죽음과 이어진다.

세상에 존재하는 모든 것은 영원한 것이 없다. 하지만 살아 존재하는 것들은 나름대로 모두 연결이 되어 있다. 깨끗한 개울물이 시원스럽게 흐른다. 수량이 많아져서 지저분하던 돌과 개울 바닥이 깔끔하게 청소가 되었다. 흰 물거품을 일으키며 쏜살같이 흐르는 개울물을 바라보고 있으니, 지금껏 내가 나도 모른 채 여기까지 흘러온 내 인생 같다. 그러나 흘러야 하지 않을까? 새로운 것이 오려면 헌것이 밀려나야 새로움이 들어설 수 있는 것이다. 죽음도 또 하나의 삶의 연결, '사즉생 생즉사(死卽生 生卽死)'라고 하지 않던가. 삼라만상 모든 것이 결국 순환인 것을.

Y와 나도 어떤 인연으로 같은 거리에서 만났지만 조금 일

찍 앞서간 것뿐이다. 다시 인연의 끈을 만드는 것은 절대자인 자연의 질서이고 법칙이다. 그것에 순응할 수밖에 없다. 우주가 존재하는 한 늘 순환을 지속될 것이고, 지배할 것이다. 낡은 것이, 새로운 것으로, 새로운 것이 낡은 것으로…. 어쩌면 이것이 장생(長生)으로 이어지는 것 아닐까. 낡아서 사라지는 것은 새로움을 위한 탈피다. 생물들이 수없이 허물을 벗으므로 우주와 자연이 존재한다. Y도 탈바꿈을 위한 행위라고 생각하고 싶다. 결국 죽음도 삶을 위한 하나의 과정인 것이다. 그녀가 나보다 탈바꿈을 먼저 한 것이고 그 장생의 길을 앞서 떠난 것이라고 위안해 본다.

(2022년 8월)

4부 공생(共生)

- 소나무들의 합창
- 통 큰 기부
- 공생(共生)
- 제비꽃
- 쉬고 있는 자전거
- 월정리역 할머니
- 중학교 다니는 순례
- 무늬발게
- 꽁무니를 꽝
- 안양사 귀부

소나무들의 합창

　망상해수욕장에 갔다. 바람이 이끄는 대로 동해 바닷물이 눈앞으로 다가온다. 가슴을 꽉 채우던 온갖 잡다한 걱정거리들이 순간 사라진다. 소실점이 되어 버리는 것을 억지로 잡으려고 애걸복걸하던 마음도 차분하게 가라앉는다.
　뱃사람들의 고된 하루가 끝나가는 시간이다. 게으른 해님이 입을 크게 벌려 하품한다. 느긋한 오후의 여유가 내 몸으로 스며든다. 따뜻한 3월의 햇볕이 모래에 반사되어 모래사장은 반짝이는 흰 피부가 되었다. 팔을 벌려 은 모랫길을 달려가는 이웃들의 싱그러운 웃음소리가 넓은 백사장을 메운다. 내 다리 근육도 꿈틀거리며 힘이 불끈 솟는다. 참으로 오랜만에 만나는 한가로운 시간이다.

모래의 따뜻하고 폭신폭신한 환대에 발바닥이 편안하다. 부드러운 모래톱을 한참 걸었다. 그런데 멀리 모래벌판 가장자리에 뭔가 심겨 있다. 궁금해서 다가가 보니 소나무를 심어 놓은 것 아닌가. 바다 쪽으로는 대나무 가지로 엮은 울타리가 쳐져 있다. 그리고 소나무는 그다음에 심었다. 아마 바람막이로 해 놓은 담장인 것 같다. 얼기설기 엮어서 큰바람만 막을 수 있다.

　소나무를 만져봤다. 딱딱하고 거친 이파리가 마치 이쑤시개처럼 뾰족하다. 몸 기둥도 울퉁불퉁한 근육 덩어리다. 척박한 환경에서 살아남으려고 고군분투했나 보다. 뿌리를 단단하게 내린 것을 보니 심은 지 오 년은 넘어 보인다. 작은 나무에 송화가 달려 있다. 꼬마 해송은 천천히 몸을 키우고 있다. 바람이 어지럽게 하고, 물이 부족해 늘 갈증에 시달리기 때문에 키를 높이지 못했다. 하지만 난쟁이가 꽃을 안고 있지 않은가. 저렇게 끈질긴 것을 누가 따라갈 수 있을까.

　오래전 중국 둔황을 여행한 적이 있다. 실크로드 주변이 심각하게 사막화가 되어가고 있었다. 그곳에 한국 사람들이 나무를 심어 놓았다. 황사의 발원지라 우리나라에도 영향을 받기 때문이다. 그러나 모두 고사했다고 한다. 부실한 관리도 있었겠지만, 워낙 비가 적은 곳이라 더 심하게 나무들이 말랐을 것이다. 다행히 망상해수욕장에 있는 소나무들은 씩씩하다. 누런 색깔의 아이들이 군데군데 섞여 있기는 하지만 심각한 상태는 아닌 듯하다.

가끔 내리는 빗물을 짧은 시간에 몸으로 받고 뿌리까지 저장했으리라. 그러니 땅에서 자라는 소나무보다 몇 배는 더 고된 생활을 했을 것이다. 그러고 보니 소나무들은 어부들과 닮아 있다. 척박한 곳에서 살아내려면 거칠고 단단해질 수밖에 없다. 바다 한복판에서는 어부들이, 모래 위에서는 소나무들이 살아가기 위해 고된 노동을 감내한다. 줄지어 있는 소나무들 위로 잡은 생선을 걷어 올리는 어부들의 모습이 겹친다. 신선한 바다 어류의 비늘이 검은 얼굴에 붙어서 반짝인다. 힘찬 어부들의 눈빛이 소나무로 옮겨진다. 이보다 더 성스러운 노동이 있을까? 소나무와 어부들 등골에는 성자의 내공이 묻어 있다. 고단한 시간 뒤에 어망에는 풍족한 희망 조각들이 알알이 여물 것이다.

어망을 끌어 올리며 함께 부르는 생존의 노래는 성실한 합창이다. 바람이 그 곡을 소나무 사이사이로 날아다 준다. 노래를 따라 하는 소나무들의 밑동이 튼실해진다. 한참 동안 소나무들이 내는 소리를 듣는다. 함께여서 서너 배 힘이 솟고 있다. 그들 속에 나도 끼고 싶었다. 근육이 다 빠져버린 다리를 끌면서 소나무 행간 사이로 다가선다. 소나무들과 함께 부르는 힘찬 노랫소리에 내 종아리도 단단해지겠지.

(2023년 3월)

통 큰 기부

　도반 대표는 계속 보이지 않았다. 우리는 각자 다니는 절은 달라도 한 달에 한 번씩 법당으로 모였다. 사찰을 순례하고, 덤으로 역사까지 알아보는 모임이다. 여행과 문화 탐방을 동시에 하는 셈이다. 방문할 절을 정하고 그곳 사무실로 연락하던 도반 대표가 한동안 바쁘다며 나타나지 않았다.

　쉽고 편안하게 여행하던 우리는 그 사람이 없으니까 무척 불편했다. 내가 대신 그 일을 하는데 장소 정하는 것이 무척 힘들었다. 대표가 준비할 때는 멀리 있는 유명 사찰을 주로 다녔다. 그러나 나는 쉽게 근교 절만 정하고 방문했다. 그러니까 동기생들이 아우성쳤다. 멀리 있는 사찰을 다닐 때가 그립다고 했다. 그러면서 도반들이 차례차례 대표에게 전화

하면서 졸라댔다.

몇 달이 지난 후 드디어 그가 나왔다. 우리는 오랜만에 대표가 정한 영주 부석사에서 철야 정진을 했다. 저녁 식사 후 아홉 시부터 기도를 시작했다. 삼십 분 참선 정진하고 십 분씩 쉬다 다시 했다. 열한 시가 지나니까 고비가 왔다. 화두를 잡고 있던 마음이 무너지면서 졸음이 왔다. 더는 견디지 못하고 숙소로 와서 잠을 잤다.

새벽 예불 소리에 잠이 깼다. 목탁 소리에 끌려 법당으로 갔다. 다른 사람들은 모두 참석했는데 대표는 보이지 않았다. '숙소에 없었는데 어디 갔을까?' 예불이 끝나자 모두 찾아 나섰다. 정진하던 법당과 처소에도 없었다. 한참 후 아침 식사가 시작되자 그가 나타났다. 눈두덩이가 부어 있다. 눈동자도 저녁노을처럼 붉게 변했다.

공양을 마치자, 기도 스님이 차를 마시자고 했다. 돌려가며 차를 마시던 우리에게 스님은 깨달음이 뭐냐고 질문한다. 우리는 서로 눈치만 보고 있었다. 한참 정적이 흐른 뒤 도반 대표가 대답한다.

"통 큰 기부입니다."

엉뚱한 대답을 하는 그를 모두 쳐다본다. 나는 웃음이 나오는 것을 억지로 참고 스님 얼굴을 살핀다. 순간 스님이 노하시면 어쩌나 했다. 그런데 스님께서 왜 그런 생각을 하게 되었느냐고 반문한다. 그는 얼굴이 일그러지며 금방 울 것 같은 표정으로 말을 이어간다. 5년 동안 모아두었던 사천만 원을 기부했단다. 도대체 누구에게 사천만 원을 기부했단 말인가? 모두 깜짝 놀라서 그를 본다.

중학교 식당에서 급식 일을 하는 그는 넉넉한 형편이 아니다. 평소 월급을 타면 두 아들 결혼 자금을 위해 금붙이를 사서 차곡차곡 보관했다. 그런데 그 무렵 아들 친구들이 유난스럽게 집을 자주 방문했다. 심지어 지방에 사는 친구 한 명은 며칠씩 머물기도 했다. 점점 불안해진 그는 더 안전하게 두고 싶었다.

공휴일에 집 대청소를 하면서 모아놓은 귀중품을 종이에 싸고, 다시 헌 베갯잇에 넣어서 장롱에 보관했다. 그런데 친정어머니가 이불 정리를 하면서 아파트 재활용 통에 금이 들어 있는 헌 베갯잇을 버렸다.

며칠이 지나서 금을 팔아 현금으로 은행에 예금하려 했는데. "아뿔싸…." 멀리 있는 재활용 처리장까지 경찰관과 갔으나 찾지 못했다.

그 사건 후 매일 슬퍼하는 친정어머니께는 찾았다고 말했다. 그리고 마음 갈피를 못 잡고 모임도 나오지 못했다고 한다. 5년을 몽땅 버린 것이 허무해서 계속 억울했단다. 그런데 어제저녁 기도를 하면서 가슴에 있던 화 덩어리를 비워

내려고 했다. 그러나 쉽게 떨어지지 않은 근심덩어리 때문에 계속 눈물이 나와서, 절 뒤쪽으로 가서 마음껏 소리 내며 울었단다. 그랬더니 가슴이 시원해졌다고 하며 스님을 향해 합장한다.

이야기를 듣고 한참 동안 우리는 아무 말도 못했다. 스님은 다관에 찻물을 다시 부으며 지금은 어떤 마음이냐고 묻는다. 그는 다시 찻잔을 돌리며 석 달 동안 지옥에 있었는데 이제 그곳에서 벗어났다고 한다. 나는 긴 숨을 쉬면서 다행이라고 생각했다. 스님은 인연법(인과응보)에 관해 이야기한다. 원인이 없는 결과는 없다. 계속 이어져 있는 인연이다. 빚을 갚았으니 다음 생에서는 편할 것이라고 한다.

스님 처소에서 나온 우리는 다시 기도를 시작했다. 오전 10시쯤 나는 기도하는 것이 힘들어 그만하고 싶었다. 도반들을 졸라서 모두 기도를 끝내고 절 문을 나섰다. 절 밖에는 길 양쪽으로 은행나무가 심겨 있다. 그리고 조금 떨어진 곳에 사과밭이 있다. 모두 사과밭으로 빨려 들어간다. 밭고랑에는 나무들이 빨간 사과를 들고 웃고 있다. 가지에 달린 사과는 머리 위에 있는 붉은 양탄자 같다. 양탄자를 타고 구름 위로 둥둥 떠다니면 얼마나 가벼울까? 몸과 마음이 무거운 나는 하늘을 바라보며 말했다. 그 말을 듣고 있던 대표는 그래도 세상은 아름답고, 시간은 흐르고, 안타까운 기억도 잊을 거라고 한다. 내가 산나물 비빔밥을 동기생들에게 대접했다. 맛있게 먹던 그녀가 무거운 갑옷을 벗어서 영주에 두고 가서 행복하다고 한다. 그러면서 나에게 말한다.

"은희 씨! 그거 알아?"

"재활용 수거지 사람, 너무 가난해서 그나마 내가 다행이라 생각한 것."

부자였으면 더 억울했을 거란다. 나는 선묘 낭자가 돌을 뜨게 해서 절을 지었다는 전설이 있는 부석사를 머릿속에 그려본다. 무거움의 원인은 비우지 못해서이다. 편안해진 대표의 얼굴에서 우주만큼 큰 통이 보였다.

(2019년 《에세이문학》 초회 추천작)

공생(共生)

　언덕을 한참 올라갔다. 숨이 턱까지 차오른다. 길섶에 마른풀들이 나와 함께 숨쉬기한다. 이따금 오르내리는 자동차가 들풀에 마구 발자국을 냈다. 상처투성이 풀들이 위태롭게 겨울을 보내고 있다.
　내가 거주할 산속 허름한 비닐하우스가 보인다. 밭둑 옆으로 난 좁은 길로 접어드니 대문 앞에 서 있던 고라니 두 마리가 혼비백산하여 산등성이로 줄행랑을 놓는다. 문을 열고 들어가니 들고양이 부부도 재빠르게 사라진다.
　삼십 년을 넘게 살아온 집이 자주 말썽을 부려서 어쩔 수 없이 헐어내고 새로 짓게 되었다. 집이 완공될 때까지 6개월 동안 임시 이곳 산골에서 살아야 한다. 오랫동안 사람이 살지 않던 곳이라 먼지가 이단 케이크처럼 켜켜이 쌓였다. 청소하려고 빗자루와 먼지떨이를 찾으러 다녔다. 쪽마루에 방금까지 오수에 졸던 고양이가 남기고 간 누런 털이 방향을 잃고 내 걸음 따라 움직인다. 겨우내 그들에게는 더없이 안락한 보금자리였을 텐데. 고양이 부부의 몽글몽글한 온기가 느껴진다. 사람이 살지 않던 이곳에서 부부가 터를 잡고 알콩달콩 사랑을 나누며 살던 집이다. 내가 갑자기 불청객이 된 것 아닌가? 포근하게 살던 고양이 집을 점령한 것 같다. 그들의 흔적이 이곳저곳에 흩어져 있다. 그러나 나는 고양이를 이곳에 더 이상 머무르게 할 수 없는 형편 아닌가.

문을 활짝 열고 청소를 시작한다. 방부터 시작해서 마루, 마당까지 한참을 쓸고 닦고 고양이 자취를 지운다. 대문 반대편 비닐 벽에 구멍이 나 있다. 고양이는 그곳에 비밀통로를 만들었다. 대문을 닫았더니 그곳에 출입문을 만들고 다녔다. 찢어진 비닐이 바람에 펄럭인다. 찬바람이 실내로 들어온다. 나는 부부의 은밀한 길이었던 비닐 벽을 다른 비닐 조각을 덧대어 막는다.

잠시 쉬려고 밖으로 나오니 아까 달아난 고양이 부부가 가까운 밭 근처에 있다. 잔뜩 겁먹은 표정으로 나를 경계하며 바라본다. 그들은 두려움에 서로 바짝 붙어서 내 행동을 살피고 있다. 네 개의 눈동자가 바쁘게 움직이며 햇빛에 반짝인다. 고양이에겐 내가 갑자기 들이닥친 점령군일 것이다. 나약한 저들은 얼마나 황당하고 두려울까. 하루아침에 삶의 터전을 잃어버릴 위기에 있는 힘없는 동물 아닌가. 어디 고양이뿐이겠는가. 평화롭게 살던 고라니도 그럴 것이다. 여유롭고 편안하게 지내던 그네들 삶에서 나는 방해꾼이고 점령자다.

사람과 동물들이 평화롭게 서로 공존해야 하는데 인간이 너무 독식하고 지나치게 자연을 간섭한다. 그리고 사람들에게 요구하거나 반항하지 않는 산에 있는 생명을 무시하고 착취한다. 인간 편의대로 산과 들을 재단해서 도시로 확장한다. 이곳도 깊은 산중이었던 곳이 십 년 만에 다 파헤쳐져서 턱밑까지 도시화되어 있다. 간신히 엄마 치마폭만큼 남아 있는 산자락이다. 그래서 이곳으로 산짐승들이 옹색하게 삶터를 옮겼을 것이다. 야생동물들이 산에 먼저 거주한 원주민이다.

유럽인이 아메리카 대륙을 신대륙 발견이라고 했다. 그리고 그들 방식대로 다투어 점령했다. 그뿐만 아니라 거대한 대륙을 마음대로 선을 긋고 재단했다. 인디언이란 어처구니없는 이름을 붙이고 평화롭게 살던 원주민에게 행한 몰염치와 탈취가 극에 달했다. 물욕적인 그들이 행한 것은 원주민의 평화만을 빼앗은 것이 아니다. 자연도 처참하게 훼손했다. 자연과 더불어 순수하게 살던 원주민들은 무자비한 열강의 유럽인들을 보며 무슨 생각을 했을까.

 캐나다 원주민 스토니족 추장이 했다는 말이 생각난다. 용감한 아바소 추장은 산길을 힘껏 한참을 달리다가 잠시 쉬고 다시 달렸다. 영국 사람이 잠시 쉬는 연유를 물으니, 영혼이 따라오지 못해서 기다리는 중이라고 대답했다. 그리고 당신의 영혼은 영국에 있다고 했단다.

 내가 로키의 산마을 아바소를 방문했을 때 그 추장은 거기에 없었다. 이미 오래전에 하늘나라로 여행을 떠난 사람이다. 그러나 지금도 마을 사람들은 그 추장을 기억하고 그를 존경하고 있다. 안내자가 마을 앞쪽에 우뚝 서 있는 산을 손가락으로 가리키며 말했다. 커다란 산 능선이 그 추장이란다. 나는 자세히 능선을 보았다. 머리에 커다란 깃털 모자를 쓴 사람이 길게 누워 있는 형상이다. 보이는 것과 상상하는 것이 합치될 때 느껴지는 현상이다. 추장이 편안하게 누워 있다고 말했더니 안내자가 미소 지으며 대답했다. 당신은 영혼이 맑은 사람이라고. 그런데 그곳에 있던 사람들이 모두 보인다고 해서 맑은 영혼자의 모임이라며 함께 웃었다. 그곳에는 아바소 추장이 오랜 시간이 지나도 거기에 남아 산봉우리를 지키고 있을 것이다. 자연 사랑을 실천하는 마을 사람과 그들을 돕는 정부가 있으므로.

 로키의 빙야가 많이 사라졌다. 조금 남은 빙원에 서서 빠르게 흘러내리는 빙하를 보았다. 지구가 열병에 걸린 것을 뒤늦게 알아차린 사람들, 사람 중심이 아닌 자연 중심으로 생각을 바꾸고 실천하는 캐나다인들이 참 부러웠다. 우리나라는 언제쯤 심각성을 인지하려는지. 일부 투기 세력들이 개발이라는 명목으로 괴물이 되었다. 그들은 이글거리는 눈동자로 전국에 있는 산과 들을 아귀처럼 덤벼서 파헤치고 망가트리고 있다. 숨쉬기를 멈추고 사라진 산야는 기억 속에만 있다. 작은 흔적도 남아 있지 않다. 발밑에 도시를 보고 있으려니 참으로 허망하다.

일을 마치고 대문을 나오는데 고양이 부부가 보이지 않는다. 침입자가 떠나주기를 기다리며, 그 작은 몸을 어디에서 움츠리며 추위에 떨고 있을까. 이곳에 먼저 거주를 한 그들에게 나는 산 능선을 바라보며 중얼거렸다. '너희들의 보금자리에 나도 잠시만 끼워주렴.'

이들과 함께 편안하게 살아갈 시간을 기대하며, 대문을 반쯤 열어 놓고 산언덕을 내려온다.

(2021년 《에세이문학》 봄호 완료 추천작)

제비꽃

　산골 뜨락 군데군데에 무더기를 이룬 보라색이 눈에 확 들어온다. 아직 들에는 누런 겨울 잔재들만 있는 곳인데, 빨간색도 아니고 파란색도 아닌 두 색이 섞여서 이룬 보라색이 햇빛 속에서 밝은 빛을 뿜어내고 있다.
　가까이 가서 보니 녹색 쑥 사이에 제비꽃이 스크럼을 짜고 옹골지게 서로를 의지한 채 함성을 지르고 있다. 이곳에선 쑥도 힘을 어찌 못하고 제비꽃잎을 젖히며 사이사이에 간신히 얼굴을 내밀고 있다. 생명력이 강하기로는 쑥도 여느 식물에 못지않다. 그런데 이곳 뜰에서는 제비꽃에서 밀리고 있다.
　길고 긴 추운 계절을 지내면서 숲의 꽃향기와 초록의 색깔이 그리웠다. 가장 먼저 봄을 알리는 전령사들이 기지개를 켠다. 우리 뜨락에는 쑥과 제비꽃이 제일 먼저 눈과 코를 기쁘게 한다. 들풀들 사이에서 누구보다 빠른 걸음걸이로 달려왔을 이들에게 나는 강인한 생명력과 부지런함을 배운다.

얼음이 녹고 땅이 부드러워질 즘이면 작은 앉은뱅이 쑥이 코끝을 자극한다. 그 향기가 뜨락에 허전함도 잊게 한다. 그러나 그것도 잠시 나는 향기로 만족 못하고 또다시 외로움을 느낀다. 그리고 뜰 대부분을 차지한 들풀이 고사한 색을 처연하게 바라본다. 잡풀들이 생을 마감하고 가을 끝에 남긴 누런 색깔은 힘이 사라진 빛바랜 색 아니던가.

아직 피부에 스치는 바람이 싸늘한데 보라색 제비꽃이 서둘러 봄 채비하고 뜰에서 몸뚱이를 힘껏 내밀고 있다. 그것도 혼자가 아닌 무더기로 어깨를 맞대고 있다. 아마도 서로를 의지하기에 강인한 힘도 생겼나 보다. 나는 색깔 중에 보라색을 유난히 좋아한다. 원색인 빨강과 파랑을 섞어야만 생기는 색이다. 늘 화합해야 나올 수 있는 색 아닌가. 혼자 고집부리기보다 이곳저곳을 보려 하는 내 생각과 같아서일까? 가만히 들여다본 제비꽃에서 밝은 미소가 보인다. 그 웃음이 나의 젊은 시절을 소환한다.

도시의 골목은 끝없는 미로의 연결이었다. 시멘트 보도블록으로 얼기설기 포장된 좁은 길이었다. 거미줄처럼 이어진 곳에서 나는 길 잃는 날이 다반사였다. 성북구 길음동 산동네는 신혼생활의 기억에서 각인된 하나의 점으로 남았다. 형님 집에서 보낸 일 년의 시간은 참 어렵고 괴로운 일상의 연속이었다. 그나마 가끔 형님 친구 집 방문이 유일한 내쉼이었다. 그 집 벽돌 담장 밑에서 제비꽃을 만날 줄이야. 회색의 도시에서 만난 참 귀한 생명이 어찌나 반갑던지 손으로 만지지 못하고 바라만 봤다. 지금 생각해도 척박한 그곳에 뿌리를 내린 여린 제비꽃이 어떻게 그곳까지 왔는지 신기하다.

도시의 좁은 골목은 보도블록과 벽돌담뿐이었는데 그 집은 작은 마당에 꽃밭이 있었다. 과꽃과 백일홍 그리고 채송화다. 초봄에 피는 꽃이 아니라서 내가 그곳에 갔을 때는 꽃밭은 텅 비어 있었다. 그런데 문 바깥쪽 담장 밑에 작은 보라색 꽃이 줄지어 피어 있는 것 아닌가. 담장 밑 틈에서 씩씩하게 버티고 있는 제비꽃이었다. 보라색 꽃잎이 활기차게 웃고 있었다. 앉아서 꽃과 눈맞춤을 하면서 그들에게서 희망을 얻었다. 짧은 시간이었지만 그 강한 힘은 지금까지 내 몸속에서 돌기가 되어 남아 있다.

살면서 수없이 겪게 되는 고통과 슬픔을 견딜 수 있는 것은 잠시 스친 사건으로도 힘을 얻어 내 에너지로 장착되었으리라. 보라색과 작은 제비꽃은 화합과 굳은 의지 그리고 쓰러져도 다시 소생하는 힘이 있다.

　다섯 장의 보라색 꽃잎은 혼자만 내보이려는 색이 아니다. 밑동에 흰색이 함께여서 보라색을 돋보이게 한다. 그리고 짙은 보라색 꽃잎 맥은 흩어지려는 바탕색을 부드럽게 해서 자신의 자리를 지키도록 다독인다. 그래서 다섯 잎이 같은 색인 듯 다른 개성을 가지고 있다. 옹기종기 모여 있는 다섯 잎은 햇빛의 힘을 받아서 보라색을 한껏 발광시킨다. 그리고 겨울 된바람을 이겨 냈기에 그 멍든 색깔을 곱게 만들지 않았을까. 누구나 가슴에 멍 자국이 하나쯤 남아있을 것이다. 하지만 내보이지 않고 보라색 멍 자국을 스스로 치유한 사람만이 아름답게 바뀐 보라색을 바라볼 수 있지 않을까.

　봄바람이 살랑거리며 희망을 품어온다. 작은 앉은뱅이 제비꽃처럼 서로 당기고 반기며 위로해 줄 수 이웃을 많이 만들어야겠다. 그것이 내 나머지 삶을 풍요롭게 하지 않을까.

(2023년 《산림문학》 봄호)

쉬고 있는 자전거

 개나리 어린이 놀이터 담은 사철나무로 되어 있다. 바람이 다가서면 녹색 이파리는 햇볕을 향해 손을 흔든다. 나뭇잎 손가락은 보석 반지가 끼워져 있는 듯이 햇살에 반짝인다.
 담 바깥에 까만 자전거 한 대가 세워져 있다. 둥그런 다리가 땅을 딛고 위태롭게 서 있다. 보름달처럼 동글게 펴진 부챗살이 단단하게 다리를 붙들고 있다. 하지만 무동력이라 다리는 힘에 부친다. 염통 없는 몸뚱이는 이웃인 오토바이보다 에너지가 부족하다. 무릎관절염을 앓는 할머니 발걸음이다.
 언제부터 이곳에 서 있었는지 궁금해서 둥근 다리를 만져 본다. 여름 햇볕에 검은 뼈 마디마디가 아궁이 속 장작같이 뜨겁다. 방금 세워둔 듯 미세한 바퀴의 울림이 있다. 놀이터

옆길은 곧게 뻗어서 눈앞에 있는 병목안 공원을 향해서 달음질친다. 아마 숲에서 반대쪽으로 달려 이곳으로 온 것 같다. 눈꺼풀이 내려앉은 자전거는 고개를 숙이고 달콤한 휴식을 취하고 있다.

어슬렁어슬렁 숲으로 걸어갔다. 산 초입부터 둥근 바퀴가 편안하게 다닐 수 길이 고르게 포장되어 있다. 숲은 온통 녹색의 지붕으로 이어진 터널이다. 시원한 그늘에 바람까지 덤을 주고 있다. 자전거 길이 따로 조성되어 있어서 천천히 달리며 나들이하는 사람들이 서너 명 있다.

자전거와 나의 만남은 이곳 공원에서 시작되었다. 노랑 챙 모자를 쓰고 하늘색 자전거를 탄 오십 대 여자를 우연히 만났다. 그녀는 텅 빈 주차장에서 자전거를 타고 몇 바퀴 돌더니 나무 의자에서 쉬고 있었다. 다가가서 자전거를 만져봤다. 그리고 그녀의 도움으로 자전거와 한 몸이 되었다. 그날 이후 운명처럼 자전거와 나는 아주 가까운 친구가 되었다.

나는 기계를 잘 다루지 못한다. 운동신경도 제로이다. 고등학교 때 주변 친구들하고 동대문 링크에 다녔다. 하지만 몇 시간이면 배우던 스케이트를 며칠이 지나도 타지 못해서 결국 포기했다. 챙 모자 그녀는 두려워하는 나에게 용기를 주고 숲길에서 자전거 타는 방법을 알려주고 도와주었다.

몇 시간 만에 자전거와 나는 접착제로 붙인 사이가 되었다. 참 신기한 일이었다. 그 이후로 자전거와 매일 이곳으로 소풍을 나왔다. 자전거 등판에 앉고 페달에 발이 닿으면 그와 나는 한 몸이 되었다. 천천히 느긋하게 움직이기 시작했다. 처음에는 앞만 보고 가기에도 버거웠다. 차츰 자신감이 생기면서 먼 곳을 보게 되었다. 그리고 양편을 보는 여유가 생겼다. 조금 달리고 나서 잣나무 기둥에 기대여 한참을 서 있었다. 나무 사이사이에서 부드러운 바람이 내 몸과 자전거를 만지고 지나갔다. 숲의 고운 향기는 자전거와 내게, 무생물과 생물에게 골고루 산뜻한 기운을 나누어 주었다. 이곳은 모두를 어우르는 장소다. 몸과 마음에 튼실한 근육이 붙었다. 편안하고 안락한 우주의 작은 귀퉁이다.

그런데 얼마 전부터 이 착한 곳에 기계톱이 마구 나무들을 잘라 냈다. 발동기가 달린 바퀴들이 이용할 넓은 길을 내기 위해서다. 여기저기서 빠르게 질주만 하는 동력들의 굉음에 하늘의 구름도 놀랐다. 이 몰염치들의 행동을 보면 무섭다. 소스라치게 놀라서 옆으로 밀려났다.

모터 없는 자전거는 심장이 없어서 나처럼 요란스럽게 놀라지도 않는다. 무동력 자전거는 나와 한 몸일 때만 에너지를 얻는다. 이 숲에서는 그와 내가 가장 가까운 살붙이다. 기름 범벅인 모터들의 횡포가 두렵다. 그들이 달리며 내 뿜는 입김들이 하늘을 숨이 막히게 하고 있다. 숲을 질식시킨다. 숲의 식구들이 말라가고 죽는다.

  문명의 폭식은 발전기동력으로부터 시작된 것 아닐까. 뒤돌아보지 않고 그것들은 계속 무서운 속도로 변화를 거듭했다. 아울러 무기도 같이 동승했다. 그로 인해 전쟁의 규모와 크기, 방법도 같이 빠르게 달렸다. 그리고 지금도 진행 중이다. 망가지고 부서지는 도시와 사람들, 그뿐인가 산과 숲 그리고 나무들이 상처 입고, 죽고, 파괴되고 있다. 멈추지 않고 계속 속도가 붙어서 질주만 한다. 과학은 발전을 거듭할수록 이로움을 넘어서 파괴의 몸뚱이로 변했다. 폭풍처럼 달리고, 공격하는 괴물이 되었다.

  무동력의 자전거처럼 가끔은 심장에 박힌 동력을 떼고 한 박자 쉬어야 하지 않을까. 자전거의 두 눈에는 느림의 미학이 담겨있다. 그것을 읽을 수 있어야 함을.

(2024년 3월)

월정리역 할머니

　에세이문학작가회에서 철원 DMZ로 안보 기행을 갔다. 첫 방문지 생태평화공원에서 한 할머니와의 동행이 시작되었다. 아들딸과 같이 온 할머니는 거동이 불편해서 계속 자녀들과 지팡이에 의지하며 걸었다. 평화전망대를 가기 위해 레일바이크를 탔다. 늦게 도착한 할머니에게 자리를 양보하고 옆에 서서 모녀의 이야기를 듣게 되었다.
　철원은 남과 북으로 나누어진 도시다. 할머니는 북쪽 비무장지대 안에 있던 동네에서 유년 시절을 보냈다고 한다. 한국전쟁으로 남쪽 친척 집으로 피난을 왔다가 할머니만 두고, 부모님은 어린 남동생을 데리고 다시 북쪽 집으로 갔다. 그리고 오늘까지 가지도 오지도 못하고 있단다.

딸은 계속해서 살던 동네를 바라보라고 한다. 그러나 할머니는 한숨만 쉬고 있다. 나무와 숲이 무성한 철책선 너머에 있던 옛 동네를 기억에서 되살릴 수 없단다. 어디쯤 집이 있었는지 도저히 알 수 없다고 고개를 가로젓는다. 마지막 희망은 어린 동생을 만나고 싶어질 뿐이라며 한동안 숲에서 눈을 떼지 못한다.

전망대에서 바라보는 철책선 너머에 있는 넓은 구릉과 산들이 눈앞에 있는 듯 가깝다. 인공기가 있는 산꼭대기를 망원경으로 자세히 바라봤다. 움직이는 북한군 병사 두 명이 보였다. 그들은 길게는 십 년 가까이 군 복무를 해야 한단다. 할머니 얼굴의 고단한 모습과 군인들이 겹쳐 있다. 같은 말과 글을 쓰는 사람들도 어느 지역에 태어나느냐에 따라 현실이 극명하게 차이가 난다. 지도자의 이념에 의해서 일상도 크게 다르다. 과연 그들에게 국가란 어떤 의미가 있을까.

비무장지대에는 숲이 우거져 있다. 사람들의 방해를 받지 않아서인가 동식물들이 마음껏 자유를 누리고 있다. 쑥쑥 크는 나무와 풀처럼 남북 지도자와 국민의 마음자리도 서로를 이해하며, 배려하면 좋으련만. 얼마 남지 않은 이산가족들의 재회만큼은 빨리 이루어졌으면 한다. 단절된 지금의 남북 관계가 참으로 답답하다.

버스로 도착한 월정리역은 상상했던 것보다는 자그마한 간이역이다. 쇳덩어리가 폭삭 주저앉아서 철길 옆으로 비켜나 있다. 한 무더기 관광객 발소리에 눈동자도 없는 녹슨 눈두덩이가 움직이지도 못한 채 우리를 반긴다. 북쪽으로는 철길도 끊기고 작은 언덕으로 막혀 있다.

역사 안도 건넛방처럼 작다. 바로 역사를 나와서 철길로 들어섰다. 역 표지판은 한낮 뜨거운 햇볕에 들떠 있다. 이곳이 마지막이 아닌 듯 남쪽 철원을 지나서 이곳 월정리를 거쳐 북쪽 가곡으로 갈 것처럼 글씨가 꿈틀거린다. 칠십여 년 전에 달리는 기차를 유엔군 폭격기가 막았다. 성한 곳이 하나도 없는 기차가 시간의 역사 속에 무너져 있다. 강한 철도 세월을 이길 수 없나 보다. 서 있었던 기차가 내려앉아 긴 한숨만 쉬고 있다. 서고, 달리고 해야 할 몸 아닌가. 주저앉힌 그들에게 원망할 힘조차 없는 듯 목소리조차 내지 못하고 침묵하고 있다.

짧은 철길에는 바람도 잠시 쉬는 듯 조용하다. 표지판에 새겨진 역사 이름들이 아지랑이처럼 아롱거린다. 다음 역으로 가야 할 사람들과 그 역에서 기다리는 사람들의 해후는 언제 이루어질까? 한없이 기다리다 혹시 전설의 바위가 되어 있지는 않은지. 끊어진 철길과 움직일 수 없는 기차를 보면서 수없이 실망했을 사람들이 흘린 눈물이 침목 밑에 고여 있다. 역사 옆에는 할 일 없는 소나무 몇 그루가 역 안팎을 쳐다보고 있다.

철길에서 모녀를 다시 만났다. 자가용으로 조금 늦게 도착한 그들이다. 할머니는 어렵게 시멘트 계단을 내려왔다. 철길을 지나 표지판 쪽으로 와서 계단에 털썩 주저앉는다. 급히 그들 곁으로 갔다. 그리고 사진을 찍어도 되냐고 물었다. 왠지 그들을 기억하고 싶었다. 그래야만 될 것 같았다. 할머니는 초점 잃은 눈동자로 역사를 물끄러미 한참 동안 바라본다. 그러더니 아버지가 월정리 역장이었다고 한다. 그러고는 앉아 있는 시멘트 계단을 손으로 여러 번 쓸고 있다.

그 모습을 계속 지켜봤다. 딸은 내게 휴대전화기를 내밀며 사진을 찍어 달라고 한다. 그들이 핸드폰 속에서 계속 어깨를 들썩이며 흐느끼는 것처럼 환영이 나타난다. 할머니의 거친 손은 월정리역 사무실을 향해 흔들고 있다. 그곳에 있었던 아버지를 상상하나 보다. 무너져 내린 녹슨 기차가 헐떡이며 달려와 심장을 무겁게 짓누른다.

칠십여 년 동안 기다리던 월정리역장과 어린 딸이 석고상이 되어 내 가슴으로 들어온다. 할 일 없는 표지판과 함께.

(2023년 6월)

중학교 다니는 순례

    그녀가 부르는 〈동백 아가씨〉 노래는 무척 슬프다. 꺼이꺼이 우는 것 같기도 하고, 때론 제주도 해녀처럼 참았던 숨을 한꺼번에 내뱉는 숨비소리 같다. 특히 깊은 한숨을 쉴 때가 더 그렇다. 그의 얼굴에는 주름이 눈가와 볼에 처져 있다. 흉한 모습을 감추려고 짙은 화장을 했는데, 그것이 주름을 더 도드라져 보이게 한다.
    그녀를 만난 것은 고등학교 입학할 때이다. 어머니가 잔심부름과 집안일을 시키려고 순례를 우리 집에 들이셨다. 그녀는 나와 나이가 동갑인데 스무 살이 훌쩍 넘어 보이는 처녀 같았다.
    서울로 통학하는 나는 새벽밥을 먹었다. 도시락 준비와 식사 때문에 어머니는 순례를 매일 일찍 깨웠다. 잠이 많던 그녀는 새벽에 일어나는 것을 무척 싫어했다. 그리고 주말에는 항상 내 교복을 세탁했다. 교복을 빨기 전에 그녀는 종종 내 교복을 몰래 입어 보곤 했다. 나는 불쾌했지만 못 본 척했다. 중간고사 시험공부를 하는데 그녀가 창밖에서 불렀다. 나보다 굵은 허리였던 그가 교복을 입다가 지퍼를 고장 냈다. 놀라서 눈이 전등알처럼 커진 얼굴을 보니 웃음부터 났다. 엄마에게는 내가 망가트렸다고 했다.

그녀는 고친 내 치마를 다리면서 고등학교 남학생 사진을 보여주었다. 의아해하는 내게 먼저 일했던 주인집 아들이란다. 순례의 처녀를 훔친 남자였다. 결국 그녀만 쫓겨났단다. 놀란 나에게 그녀는 성에 관해 이야기했다. 난 사람이 태어나는 과정을 순례를 통해 알았다.

순례는 늘 좋은 부모에게서 태어났다고 하면서 나를 몹시 질투했다. 동갑인 내 일은 돕지 않고, 남동생과 언니가 시키는 일만 했다. 때로는 내 운동화를 일부러 적시기도 했다. 나는 어머니께 불편한 이야기를 했다. 어머니는 순례에게 일 잘하면 야간학교에 보내주겠다고 하며 그녀를 다독였다. 그러나 순례는 옆집에 월세를 사는 남자와 눈이 맞았다. 짐도 놔두고 돈을 훔쳐 저녁에 식구 몰래 도망갔다.

몇 년이 지난 다음 나는 취업을 했다. 직장에서 회식을 끝내고 집으로 가기 위해 허름한 술집 근처를 지나갔다. 그런데 술집에서 익숙한 노랫소리가 들렸다. 순례가 구슬프게 부르던 〈동백 아가씨〉 노래다. 순간 걸음을 멈추고 술집 안을 보았다. 몇 명의 사내들이 여인을 희롱하며 술을 마시고 있었다. 빨간 원피스에 진한 화장을 한 순례가 처량하게 노래를 부르고 있는 것 아닌가. 난 많이 놀랐다. 평소에 꼭 학교에 가겠다고 했던 그녀였는데.

며칠 후 순례는 돈을 들고 우리 집에 왔다. 그날 그녀도 놀라서 서 있던 나를 보았단다. 옆집 남자가 학교 보내주겠다고 해서 도망을 갔다. 그러나 그는 약속을 지키지 않고 어디론지 돈만 들고 사라졌단다. 순례는 함께 우리 집에 있기를 원했다. 그러나 아버지께서 갑자기 돌아가서 우리 집 형편이 어려워졌다. 그래서 그를 머물게 할 수 없었다. 아쉬워하며 무겁게 일어서던 그의 뒷모습이 안쓰러웠다. 한동안 순례는 자취를 감추어서 소식을 들을 수 없었다.

큰딸을 등교시키고 돌아오는데 화려하게 치장한 순례가 다가왔다. 야간업소에서 주방 일을 하며 악착같이 돈을 모으고 있다고 했다. 우리 집까지 따라와서 가족사진을 한참 서서 보고 있었다. 결혼도 못하고 혼자 사는 그녀가 무척 쓸쓸해 보였다. 그러나 가끔 오는 그녀를 나는 반가워할 수 없었다. 담배를 피우는 순례는 늘 남편 담배를 달라고 했다. 그런 모습을 남편은 몹시 불편해했다.

  다른 동네로 이사를 하면서 이주 소식을 알리지 않았다. 이따금 연락이 왔지만, 우리 집을 알려주지 않았다. 시장에서 가끔 마주치면 눈인사만 건네고 급히 그녀 곁을 떠났다.

  오랫동안 잊고 살았는데 어제 손녀 유치원 근처에서 그녀를 만났다. 너무 오랜만이라 처음에는 몰라봤다. 가방을 메고 버스를 기다리던 순례는 반갑다며 내 손을 잡고 한참 서 있었다. 내가 잠시 공원으로 가자고 했다. 순례는 학교에 다닌다며 자랑했다. 성인 중학교에 다닌단다. 늦었지만 바라던 중학교에 다니게 되었다며 특히 영어를 배워서 신이 난단다. 혼자 사는 그녀는 지나간 시간을 억울해했다. 성폭행한 주인집 아들을 지금이었으면 당당하게 경찰에 신고했을 거라고 한다. 그러면 비참하게 쫓겨나지도 않았을 거라고 한다. 아직도 억울해하는 그녀는 그 일로 허송세월하였고 잘못된 선택도 했단다. 그러면서 〈동백 아가씨〉를 흥얼거렸다.

  잠시 공원을 둘러보던 그녀는 조팝꽃에 앉아 있는 흰 나비를 날려 보낸다. 날아가는 나비를 보면서 이젠 저 나비처럼 자유롭다고 한다. 무서웠던 과거의 일들을 풀어버리는 것 같다. 순례의 옆얼굴을 보니 진이 빠진 얼굴이지만 편안해 보인다.

  나는 그동안 그녀에게 했던 행동이 미안했다. 상처가 너무 깊어 표현한 행동이었다. 그러나 불편하다는 이유로 멀리하고 피하기만 했다. 조금 관심을 가졌더라면 덜 외롭지 않았을까? 학교 늦겠다며 일어나는 그녀는 가벼운 발걸음으로 걸어간다. 머리핀이 햇빛을 받아 빛이 난다. 앞으로 그녀의 삶이 계속 반짝였으면….

(2018년 5월)

무늬발게

　낮은 산 아래 작은 모래 톱은 검은 갯바위들이 파수병처럼 길게 해안은 감싸고 있다. 가을 하늘과 수평선이 실금 하나로 경계를 긋고 있다. 바로 눈앞의 파도도 평온하게 낮잠을 즐기고 있다.
　아이들과 함께 태안 꾸지나무골 해변으로 캠핑을 왔다. 아침 일찍 출발했더니 오전 11에 도착했다. 바로 해변으로 나갔다. 물이 막 빠지기 시작하는 썰물 때이다. 갯바위가 낳은 크고 작은 돌무더기 쪽으로 아이들이 달려갔다. 미처 빠져나가지 못한 어린 게들이 바위틈으로 숨기 바쁘다.
　한낮 태양은 따갑게 등에 내리쬔다. 바지를 걷어 올리고 모자도 썼다. 장갑까지 끼고 빈 양동이를 바위에 놓고 본격적으로 게를 잡기 시작했다. 그런데 "아뿔싸!" 순식간에 게들이 모두 사라졌다. 난감해하는 내게 아이들은 돌 틈을 보자고 했다. 큰 돌을 뒤집으니 서너 마리씩 숨어 있던 게들이 화들짝 놀라서 튀어나왔다. 돌을 들어 올릴 때마다 아이들의 함성이 너른 바다에 파도처럼 출렁거렸다.

양동이에 가득 게를 잡아서 숙소로 왔다. 바글대는 게들이 서로 밀치며 밖으로 나오겠다고 아우성친다. 아이들은 숙소 귀퉁이에 둔 양동이 옆을 떠나지 않는다. 큰아이가 양동이 꼭대기까지 올라온 게를 사진 찍느라 바쁘다. 이어 이름을 검색해 보더니 무늬발게라고 한다. 가까이 가서 가장 큰 녀석을 맨손으로 꺼냈다. 여러 마리가 같이 가자고 주렁주렁 딸려 나온다. 손가락으로 억지로 떼어냈더니 집게발로 새끼손가락을 꽉 문다. 몹시 아팠다. 녀석이 화가 잔뜩 나서 해코지한다.

잡은 게로 저녁 반찬을 하자고 했다. 그런데 큰딸이 해감해야 한다며 내일 아침에 볶아먹자고 한다. 아이들이 양동이 옆에서 입씨름한다. 뚜껑을 닫아야 한다고 큰애는 소리치고, 작은애는 게들이 숨 막혀서 죽는다고 우긴다. 두 아이가 나를 쳐다본다. 하늘이 창창히 맑다. 너르디너른 바다와 닮은 하늘을 봐야 게들이 가만히 있을 거라고 했다.

서너 시간 바닷가에서 뒹굴다가 저녁 식사를 하려고 숙소로 돌아왔다. 나와 딸은 바쁘게 식사 준비를 하고, 아이들은 피곤했는지 텐트 안으로 들어가서 나오지 않는다. 태양이 넘어가면서 하늘에 붉은 물감을 마음껏 뿌리고 있다. 저녁을 먹고 난 뒤 아이들은 또다시 불그름히 물든 바다로 나가자고 한다. 신발을 신고 있는데 작은아이가 양동이 쪽으로 가더니 꽥 소리를 지른다. 양동이에 있던 무늬발게가 한 마리도 보이지 않는다. 모두 붉은 바다로 줄행랑을 친 것이다.

저녁노을이 아이들 얼굴을 진홍색으로 물들인다. 매우 서운해하는 작은아이에게 이야기했다. 잡을 때 즐거웠으면 그것으로 만족해야 한다고. 무늬발게도 엄마가 기다리는 제집으로 돌아간 것이다. 게들의 가족들이 헤어지면 할머니가 슬플 거라고 말했다.

해가 수평선을 단숨에 뛰어넘는다. 어두워지는 검은 바닷가에 한참을 서 있었다. 잠시 마주친 작은 게들에게 놀이 삼아 한 행동이 후회된다. 그들은 생사가 걸린 위급한 순간을 보냈다. 꼭 필요한 먹거리도 아닌데 즐기기 위해 한 행동이다. 생각 없이 한 놀이가 무늬발게는 가족과 영원한 이별을 할 순간을 만들었다. 그리고 잠시라도 두려움에 떨게 했다. 있는 힘을 다 모아 바다로 도망갔을 생각을 하니 마음이 편치 않다.

검은 바닷가 갯바위 밑에서 그들이 두려움을 버리고 가족과 평온하게 잠들기를 바란다.

(2022년 9월)

꽁무니를 꽝

 갑자기 뒤에서 육중한 뭔가가 무서운 힘으로 들이받는다. 아주 짧은 시간이었다. 통겨지는 느낌과 함께 머리에 가해지는 심한 고통에 정신이 아득하다.
 현충일을 전후로 연휴가 시작되었다. 한 달 전부터 딸들은 휴가를 태안 바닷가에서 지내려고 계획을 세웠다. 나는 큰사위가 운전하는 차에, 남편은 둘째네 차를 타고 가게 되었다. 황금연휴인데 고속도로는 빈 운동장 같다. 자동차가 이따금 꽁무니에 흰 솜사탕을 달고 지나간다. 큰애는 운전을 천천히 안전하게 한다. 아마 내가 타고 있어서 조심하는 듯하다. 차가 고속도로에서 벗어나 서산 들길을 달린다. 길 양편에 금계국이 노란 화관을 쓰고 있다. 바람과 손잡고 한바탕 신나게 춤을 춘다.

　손녀와 나는 핸드폰에 저장한 동시를 읽는다. 아이가 핸드폰에서 게임과 유튜브를 매일 본다고 딸이 걱정한다. 내 핸드폰에 저장된 동시를 읽으며 오랜만에 아이와 동심의 나라로 여행한다. 그때였다. 갑자기 뒤쪽에서 큰 충격이 가해진다. 몸이 공중으로 뜨는 것 같더니 머리를 등받이에 세게 박았다. 정신이 몽롱해진다. 사위의 비명이 멀리서 들리는 듯하다. 머리에 심한 통증으로 눈이 저절로 감긴다.

　깜짝 놀란 딸이 내 상태를 확인한다. 갓길에 차를 세운 사위는 급히 뒤쪽으로 간다. 1톤 트럭이 급하게 달려와 박은 것이다. 트렁크가 반쯤 찌그러져 있단다. 순간 나도 모르게 옆에 있던 손녀에게 시선이 간다. 아이는 놀라서 무척 긴장하고 있다. 뒷좌석에 있던 아이와 내가 받은 충격이 엄청나다. 그나마 다행인 것은 머리에 골프공만 한 혹이 달린 것 외에는 상처가 없다. 손녀도 목과 머리가 아프다고 토끼 눈을 뜨고 쳐다본다.

　급히 가해자인 트럭 기사가 다가온다. 그는 나를 보더니 딸에게 119에 빨리 연락하라고 재촉한다. 내 상태를 심각하게 생각한 모양이다. 당황한 트럭 기사는 경찰에 신고하지 말고, 보험회사만 부르자고 간곡하게 말한다. 그러면서 내게 와서 죄송하다고 고개를 연신 숙인다. 형색이 남루한 60대

초반의 남자 입에서 술 냄새가 몹시 난다. 그는 서산 국립 의료센터가 가까이 있으니 그리로 가면 된다면서 계속 내 몸 상태를 걱정한다.

경찰이 먼저 도착했다. 119에 신고하면 자동으로 경찰과 연락된다고 한다. 우리 아이들도, 트럭 기사도 그런 내용은 몰랐나 보다. 경찰은 바로 음주 측정에 들어간다. 0.2 면허취소란다. 트럭 기사의 얼굴에는 두려운 표정이 짙게 깔려 있다.

하지만 어쩌겠는가. 우리도 도와 줄 수 있는 처지가 아니다. 허름한 그의 모습이 눈에 밟힌다. 계속 머리를 숙이며 죄송하다고 한 그에게 나는 이 말밖에 할 수가 없다. "고의로 한 것이 아니고, 큰 상처가 아니라서 다행이네요." 하지만 우리의 여행 일정은 어그러졌다.

병원에 가는 동안 머리의 통증으로 매우 어지러웠다. 평소 무리하면 조금 불편했던 어깨와 허리까지 심하게 아프다. 음주 운전 사고는 보험 처리가 어렵단다. 보험회사에서 피해를 보상하고 가해지에게 구상권 청구를 한단다. 벌금과 피해보상, 모두를 책임져야 할 상황이다. 내 건강을 걱정했던 트럭 기사의 상황이 안타깝다. 검사 결과 골절과 피가 고이지 않았단다. 교통사고는 과잉 진료를 한다더니, 치료비가 어마어마하다. 집으로 돌아와 달린 골프공은 냉찜질로 달래고, 어깨와 허리는 물리치료를 한다.

형색이 남루했던 트럭 기사를 도울 수 있는 것이 이 방법 밖에 없다. 하역 작업을 하고 억지로 권한 동료의 막걸리를 거절 못한 것이 화근이었다. 어리숙해 보이는 기사의 앞날이 깜깜하다. 그가 목에 걸린다. 나이 들어서 경제적으로 어려우면 회복이 안 된다. 짧은 시간에 손실 복구가 어렵지 않은가.

　남자 동창인 K도 음주 운전으로 큰 고역을 치르고 지금 폐인처럼 산다. 순간 잘못 판단이 노후를 피폐하게 한 것이다. 친구는 사람 좋기로 이웃 마을까지 소문이 났다. 육십 대 초에 퇴직하고 낙향했다. 그곳에서 즐거운 노후를 지냈다. 그런데 마을 잔칫날 과음을 한 상태에서 친지의 부탁을 거절 못했다. 트럭을 운전해서 이웃 마을에 짐을 옮겨주다 인사 사고를 크게 냈다.

　그 친구와 트럭 기사가 한 몸처럼 내게 다가온다. 그들의 몸으로 덮친 생활의 무게가 처진 어깨를 더욱 조여올 것이다. 어두운 그들의 방에 한 조각 햇볕이라도 들기를 바라면서 골프공이 달린 머리를 만져본다.

(2023년 6월)

안양사 귀부

    삼성산 겨울바람은 만만치 않다. 뺨으로 스치는 바람 손이 매섭다. 따귀를 맞은 것처럼 얼얼하다. 나선으로 비껴간 햇살이 실오라기 같은 열기를 흩뿌린다. 연신 햇볕을 따라가면서 한참 산 언덕길을 올라간다. 숨을 몰아쉬며 안양사 마당에 들어선다.
    법당 앞 귀부 쪽으로 발걸음이 멈춘다. 머리는 용이고 몸은 거북 모양을 한 비석 밑받침돌이 반긴다. 안양사를 긴 시간 묵묵하게 지켜본 수호자다. 비문이 새겨진 비신(碑身)은 온데간데없다. 그럴 뿐만 아니라 비석의 윗부분인 지붕 이수(螭首)도 함께 사라졌다. 돌 거북 등에는 직사각형의 크고 기다란 구멍에 눈과 바람이 들어 있다. 비신이 세워져 있던 자리 아닌가. 마모된 용의 눈은 흔적 없이 흩어진 비문을 찾는 듯하다. 다시 짐을 지려고 생각하는가. 비신을 찾으려는 그 눈빛이 애절하다.

　귀부(龜趺)는 중국 전설, 비희라는 동물로부터 유래되었다. 용왕의 아들로 거북의 등딱지에 용의 몸을 한 상상 속의 동물이다. 등에 무거운 것을 짊어지는 운명인 탓에 비석의 아랫돌인 받침으로 쓰였다. 거북이 몸에, 머리는 용으로 조각해서 많이 사용되어 왔다. 용왕의 아들이지만 무거운 짐을 져야 할 운명이다. 하지만 등짐 지는 것을 좋아했다고 한다. 무거운 짐을 지는 것을 즐겼다니 남다른 삶을 사는 것 아닌가.

　히말라야 포터나 셀파들도 같은 운명이랄까. 트레커들의 짐과 길 안내를 위해 높은 산을 무거운 짐을 지고 쉴 새 없이 오르내린다. 그들은 심신의 고통이나 고단함보다 다른 이들의 안전에 도움을 준 것을 최고의 긍지로 생각한다. 등반객들에는 꼭 필요한 사람들이기 때문이다. 자신의 키보다도 훨씬 무겁고 큰 짐을 지고 활짝 웃는 셰르파인 청년의 얼굴이 반짝인다. 그리고 청년의 낡은 신발을 새 등산화와 바꿔 신는 등반객의 마음도 함께 빛난다.

　귀부의 화강암 표면에는 시간의 흔적이 차곡차곡 쌓여 있다. 손 모으고 눈인사하던 사람들의 사연이 여섯 모서리 속에 스며 있다. 비바람을 이겨낸 세월만큼이나 수없이 지나간 흔적이 골 깊었던 문양을 부드럽게 연마해 버렸다. 고려시대부터 오늘에 이르도록 긴 세월을 지내온 귀부다. 등에 있는 육각형 벌집 모양의 귀갑문 무늬가 형태를 지키려고 애썼나 보다. 아직도 또렷하게 모양을 유지하고 있다.

  그 문양은 달빛, 별빛을 받으며 수많은 이야기를 육각형 사이사이에 품었을 것이다. 그리고 심통 사나운 비바람에도 담담하게 웃으며 오늘의 시간 속에 있다. 네 귀퉁이에 있는 발도 온전하게 몸뚱이를 받들고 있다. 그 근육은 비신을 떠받칠 때도 변함없이 곧고 실했으리라. 비너스 조각의 뒷모습이랄까. 선 고운 엉덩이는 뒤태의 아름다움을 한층 더 돋아 준다. 살짝 옆으로 비껴간 꼬리털이 앙증스럽게 바람에 날린다.

  어려움의 무게를 같이 지는 이들이 있어 세상은 밝아진다. 고통의 짐을 함께 지려는 그들의 공통점은 이웃을 관심 두고 바라보는 일이다. 늘 함께라는 인식이 배어 있다. 동기 중에 장애우가 있었다. 휠체어를 타고 먼 길을 와서 수강하는 친구였다. 그 친구 열정에 그저 감탄만 했을 뿐 더 이상의 관심은 없었다. 단과 별 작은 모임에 참석 못하는 그를 당연한 일이라고 생각했다. 누구도 그의 빈자리를 의식하지 않았다.

비가 많이 내리던 날이었다. 우산을 준비하지 못한 그 동기가 등굣길에서 비를 맞고 있었다. 다가가서 우산을 씌워주었다. 강의실로 향하는데 휠체어 조작을 해야 하는 그는 우산을 쓸 손이 부족했다. 그제야 장애우가 행동에 많은 제약을 받는다는 사실을 알았다. 이후 그의 가방이 내 등에 있을 때가 마음이 편안했다.

사회 곳곳에서 묵묵히 보이지 않게, 조용히 어렵고 힘든 일을 대신하는 사람들이 있다. 그들은 큰소리보다 작은 울림을 듣는다. 깨끗한 것보다 더러운 곳에 눈동자를 모은다. 풍요로운 곳보다 부족한 곳에 어깨를 내민다. 그리고 등에 그 짐을 나누어진다.

따뜻한 볕이 거북 등에 비춘다. 순간 소방관인 막내 손등이 떠오른다. 물과 씨름하는 터라 겨울에는 손등이 자주 갈라지고 터진다. 그 또한 무거운 화재 진압 장비를 지고 화재 현장을 누빈다. 국민의 안전을 위해 밤낮을 가리지 않고 짐을 지고 있다. 그뿐만이 아니라 가족들에게도 항상 등을 내민다. 안양사 귀부의 턱수염에 한 올 한 올 길게 노곤함이 배어 있다. 그 턱 아래 그림자가 드리운다. 막내 등이 그림자 속에 함께 있다.

(2025년 2월)

5부 숲속 도서관

- 어달리 아침
- 숲속 도서관
- 서 여인
- 화재경보
- 임어당 고거
- 틈
- 마송 가는 길
- 장맛비
- 종달새 아이
- 트리하우스
- 달개비
- 발가락이 뽈났다

어달리 아침

　동해 어달리 바닷가에서 이웃들과 하룻밤을 보냈다. 숙소 3층 창문에서 바라보니 바닷속으로 바로 다이빙을 할 수 있을 만큼 가까이에서 파도가 출렁거렸다. 어둑한 수평선 끝에는 경계가 모호하게 그어져 있다. 넓은 바다에 고단한 일상을 내려놓으니 잔잔한 파도는 서서히 잉크 빛으로 풀어졌다. 바다가 품은 생명들도 쉬어가는 시간이다.
　고단했는지 잠자리에 든 그녀의 숨소리가 음률을 탔다. 쉽게 잠을 허락하지 않은 몸을 일으켜 창 쪽으로 다가갔다. 검은 바다 끝에 점점이 떠 있는 집어등 불빛이 별을 바라보며 눈웃음을 지었다. 밤새 거문고를 튕기는 여인의 손끝에서 어둠의 바다는 고달픈 춤을 추었다. 차츰차츰 희미해진 등불이 어부들의 작업을 끝내는 시간을 알렸다.

늦게 잠든 탓에 간신히 아침 해를 만난다. 창문을 여니 기다렸다는 듯이 햇볕 조각들이 방 안으로 들어온다. 내 몸은 반사적으로 밝은 조각을 맘껏 품는다. 문밖 해변에는 이미 그녀들이 갯바위에서 성스러운 의식을 하고 있다. 그들 손에 들려 있는 핸드폰이 찰칵찰칵 경쾌한 노래를 한다. 환하게 밝아오는 아침 해가 그녀들 등까지 붉게 물을 들인다.

갯바위 위로 올라간 내 발이 균형을 잃는다. 기우뚱거리며 그들에게 다가선다. 두 사람은 사진 찍기에 바쁘다. 방금 바다가 낳은 해를 사진으로 기억하려고 핸드폰을 이리저리 움직이며 순간 포착을 하고 있다. 조금 떨어진 곳에서 본 그녀들의 모습이 바다와 한 몸인 듯 붉게 타오르고 있다. 갯바위 끝에 서 있는 A를 짝꿍 B가 열심히 찍고 있다. 그들은 이미 바위와 하나가 되어 있다. 붉은빛과 검은 갯바위, 그리고 짙은 청색인 두 사람의 실루엣이 한 액자에 담겨 있다.

수평선이 활활 타오르고 있다. 밤샘 작업으로 배를 불린 어선들이 붉은 해를 뒤로하고 통통통 해안가를 향해 달려온다. 어달리 해변은 아침부터 갤러리로 바뀐다. 몇 점의 작품들이 해안가에 걸려 있다. 사람과 갯바위, 그리고 붉은 바다와 배들은 스스로 그려진 작품 아닌가.

바다는 태초부터 탄생과 소멸이 교차 되는 곳이다. 수시로 얼굴을 바꾼다. 때로는 화를 내기도 하고, 온순해지기도 한다. 바다를 기대고 사는 사람들의 삶도 그리 녹록하지 않다. 그래서 거칠고 사납다. 반도 국가 사람들이 다혈질인 경우가 많다고 한다. 이탈리아와 우리나라 사람들이 성향이 비슷하다고 한 것도 그 한 예다.

넋 놓고 작품들을 감상한다. 눈에 들어오는 실루엣이 모두 명화로 바뀐다. 아무리 표현하려고 해도 그릴 수 없는 완벽한 작품이다. 넓은 바다의 마음을 내 좁은 식견으로 읽고 그릴 수 없지 않은가. 손을 댈수록 그림들은 사라질 것이다. 섣부른 내 생각이 움직이는 어달리 해변을 손톱만큼도 표현할 수 없다.

태양이 서서히 떠오르면서 하늘까지 작품들을 걸어 놓는다. 검푸른 구름 사이로 활짝 웃는 해님이 아기 볼살처럼 오동통하다. 반짝이는 햇살이 그녀들 등을 살살 쓸어준다. 갯바위 아래까지 내려간 그들에게 바다의 윤슬이 달라붙어 함께 빛나고 있다. 온몸으로 어달리 해안을 받아들인다. 수시로 변하는 색깔과 모양 그리고 명암이 다채롭다.

밝은 아침이 다가온다. 실국 모든 것은 다시 제자리로 돌아오고 돌아갈 것이다. 이 아침의 황홀경도 사라지고 또 돌아올 것이다. 하지만 같은 자리에 똑같은 모습으로 돌아오지는 않는다. 한 컷 사진으로 남길 수밖에 없다. 바위 끝으로 다가서서 태양을 품은 바다 풍경과 그녀들 등 뒤를 빠르게 연속 촬영한다. 그들의 붉은 등허리와 해변이 핸드폰 속에 차곡차곡 쌓인다.

일상이 항상 가속이 붙어서 지나간다. 가끔은 멈추고 다리 풀고 쉬고 싶을 때가 있다. 휴식이 필요할 때, 열어 볼 수 있는 수첩이 내 손안에 있다. 핸드폰에 끼워진 어달리 아침을 꺼내 보리라. 기억의 테이프를 돌려서 오롯이 황홀경의 아침을 다시 한번 맞으리라. 카메라 속에 넣은 명화를 만나리라.

(2023년 에세이문학작가회 제24집 《에세이산책》)

숲속 도서관

 아이들 여름방학이 시작되었다. 더운 날씨는 온도계의 수은주를 최고점으로 끌어 올리고 있다. 오후가 되어서야 학원에 가는 아이가 아침부터 집 안에서 더위와 싸우고 있다. 그러다가 결국 백기 들고 집 가까이에 있는 도서관으로 피신했다.
 할 수 없이 용인 자연휴양림으로 여름휴가를 딸 가족과 함께 더위를 피해 서둘러 왔다. 이곳은 각종 놀이 시설과 등산로가 잘 만들어져 있다. 그런데 비가 적게 와서 물 부족을 겪고 있다. 계곡과 습지에는 물은 조금 있고, 반갑지 않은 모기 떼만 득실거렸다. 더위를 피해 왔는데 해충이 반기고 있다. 그나마 다행인 것은 놀이기구가 많다. 손녀는 해바라기 얼굴을 하며 즐거워했다.

　신나서 집라인을 타겠다며 제 엄마 손을 잡고 나갔다. 우리 부부도 계곡 쪽으로 이어진 길을 따라 올라갔다. 하늘과 맞닿아 있는 울창한 숲이 이어져 있다. 생동하는 녹색들이 가득하다. 나무들은 바람과 숨바꼭질하고 있다. 등에 흐르던 땀을 시원한 바람이 가져갔다. 천천히 오르던 우리는 숲속 도서관이라고 쓰진 팻말을 발견했다. 안내 표지판을 따라갔다. 그곳은 나무 의자 서너 개와 넓은 평상이 있다. 그리고 작은 책꽂이에 책이 빽빽하게 들어 있다. 가까이 가서 책을 뽑았다. 햇빛 조각들이 먼저 와서 의자에 누워 있다. 그늘진 의자를 골라서 앉았다. 그런데 남편이 멀뚱하게 서서 곤란한 표정을 지었다. 책과는 칠 층 높이로 담을 쌓은 사람이다. 책과 거리가 먼 그이 얼굴이 시무룩하다. 산속에 도서관이 있는 것 자체를 어이없어했다.

　운동을 즐기는 그는 산을 갈 때도 항상 정상을 오르는 것에 목표를 두었다. 그래서 나와 동행할 때도 서두르기 일쑤다. 나는 그와 반대의 행동을 했다. 나무의 몸과 마음을 보고 읽었다. 산새들의 이야기를 듣고, 꽃들의 웃음에 화답했다. 그런 나를 남편은 채근하며 산을 오르내렸다. 좀 더 산길을 걷고 싶어 하는 그에게 읽고 싶은 책을 고르라고 했다. 그리고 나도 손에 잡히는 대로 책을 집어 들고 의자에 앉았다. 이곳은 모기도 낮잠을 자는지 조용하다.

　이따금 남편을 바라보았다. 두꺼운 책을 베개처럼 베고 잠을 자고 있다. 두어 시간 충분히 자고 깨더니 숙소로 가자고 재촉했다. 읽고 있던 책을 들고 내려왔다. 남편은 잘 쉬다 간다며 도서관 팻말을 만지며 웃었다. 조금 내려오니까 수령이 오래된 나무가 있다. 나무 중간쯤에 튼튼한 가지 사이로 작은 집을 지은 트리하우스가 보였다. 잠시 그곳에 올라가서 아래를 내려다봤다. 숙소 가까운 장소에 이곳 도서관보다 더 큰 책방이 있다.

　밤새워 뒤척이다 새벽에 잠이 들었다. 아침 햇살이 늦잠을 허락하지 않는다. 딸과 손녀는 밥을 먹고 놀이기구를 타러 바삐 나간다. 나이 든 사람들은 딱히 즐길 거리가 없는 곳이다. 덩그러니 남은 우리는 숙소 가까운 곳에 있는 도서관으로 갔다. 남편은 난감해한다. 《괭이부리말 아이들》(김중미 지음)을 남편에게 읽으라고 했다. 그리고 나는 《산림문학》이란 계간지에 눈이 멎는다. 군데군데 호수가 빠져 있다. 선택된 것은 '통권 26 여름호'이다.

　나무들은 하늘을 향해 태양을 쫓고 있다. 파라솔처럼 우리에게 그늘을 만들어 준다. 그뿐만이 아니었다. 끊임없이 나뭇잎들이 바람과 노래를 한다. 바리톤 중저음의 음색은 편안하게 독서를 할 수 있게 한다. 가장 편안한 자세로 앉아서 책과 눈맞춤을 한다. 녹색 바탕에 보라색 둥근 꽃의 표지와 눈인사를 한다. 다양한 목소리와 생각이 함께 있는 글 교실이다. 멀리까지 가는 키가 큰 소설, 늘 가운데 앉아서 모든 이의 소리를 듣는 수필, 그리고 또랑또랑한 눈으로 순간에 마음 깊이를 알아내는 시가 있다. 갸우뚱할 때쯤 나타나서 의문을 해결해 주는 기고문과 문학 강좌 글 선생도 끝 쪽에 있다. 숲속에서 문자들과 놀이를 즐긴다.

숲은 사유(思惟)할 수 있는 에너지를 마음껏 내어준다. 옆에서 툴툴거리던 남편을 슬쩍 쳐다보았다. 시간이 조금 지나자, 책과 놀고 있다. 배고픔을 느낄 때까지 독서 삼매경인 그다. 밥 먹자고 하니까 다 읽고 간단다. 그리고 그는 또 다른 책을 고르고 있다.

(2019년 8월 《산림문학》 근작 수상작)

서 여인

 늦은 저녁, 골목으로 들어서면 빨간 교회 십자가가 가로등보다 더 밝게 빛나고 있다. 나는 가만히 올려다보며 손깍지를 끼었다. 그리고 그녀가 편안하게 잠들기를 기도했다. 나는 불자다. 그러나 그를 생각하며 철탑을 쳐다봤다. 죽는 순간까지 하나님을 찾았고, 하나님 품으로 갔을 것 같다.
 그녀는 키가 크고 무척 말았다. 목소리는 남성처럼 저음이고 카랑카랑하다. 청색 셔츠와 바지를 늘 입고 있다. 뒤에서 보면 남자 같다. 처음 그녀를 만났을 때 나를 몹시 경계하며 쳐다봐서 당황했다. 그런데 내게만 그러는 것이 아니다. 모든 사람을 두려워했다. 말을 걸어도 대답하지 않고 짜증스러운 표정으로 쳐다봤다. 아무도 그녀에게 말을 걸지 않았다.

관심도 없었고, 그가 다가와도 모두 스쳐 지나갔다.

　퇴직한 남편이 생활비 걱정을 했다. 노후생활을 위해 작년 봄 여덟 세대가 사는 단독주택으로 이사했다. 그녀와 나는 임차인과 임대인의 관계로 한집에 살고 있다. 임대료와 공과금 때문에 그녀의 방을 가노라면 늘 누워서 흘깃 쳐다봤다. 그리고 이맛살을 찌푸리며, 아무 말 없이 계산하고 빨리 나가라는 표정을 지었다. 처음에는 이런 상황들이 매우 버겁고 힘들었다. 이사 온 것을 후회했다. 지나온 내 삶이 평온했던 것을 새삼 느꼈다. 새로운 환경에서 낯선 사람과 함께 지내는 것이 서툴고 어색했다. 하지만 어쩔 수 없이 부딪쳐야 할 일이다. 그래서 그녀를 좀 더 알아가며 이해하기로 했다.

　집 가까운 곳에서 농사를 지었다. 여름이라 푸성귀가 많이 자라고 있다. 넉넉하게 가져와 한집에 사는 사람들에게 나눠주고, 그녀는 항상 조리해서 주었다. 경계하던 그녀는 음식을 가져가면 반기며 차츰 마음을 열기 시작했다. 그리고 자주 내게 말도 걸어왔다. 임대료도 우리 집으로 가져왔다. 다른 가구들은 계좌 송금하는데 유독 서 여인은 현금으로 주었다.

　장마가 시작되니 날씨가 무척 후덥지근했다. 나는 손녀를 돌보느라 딸 집에 많이 머물고 있었다. 임대료 내는 날짜를 어긴 일 없던 그녀가 며칠이 지나도 소식이 없었다. 집을 자주 비워서인가 생각했다. 그래서 토요일 빨간 십자가가 그려진 그녀의 방문을 두드렸다. 아무 대답이 없다. 다시 인기척을 냈다. 잠시 후 문이 열리면서 문턱에 그녀가 쓰러졌다. 깜짝 놀라서 그를 부축해 방에 눕혔다. 얼굴은 창백하고 몸은 앙상하게 말라 있다. 며칠이냐고 묻는 그녀에게 팔월 오일이라고 했다. 보름 동안 아무것도 먹지 않았단다. 너무 측은해서 병원에 가라고 했더니 고개를 저으며 병원에서 치료가 되지 않는 병이라고 대답했다.

급하게 집으로 와서 닭백숙을 만들어 들고 그녀 방으로 갔다. 계속 떠먹기를 재촉하니까 국물을 조금씩 먹었다. 그러더니 눈물을 흘리며 신세를 언제 갚아야 하느냐며 바싹 마른 어깨를 흔들며 울었다. 잠시 후 숨을 몰아쉬더니 지나온 이야기를 했다. 나보다 세 살 어린 사람이다. 27년 전 딸 하나 낳고 이혼했다. 혼자서 열심히 노력해 아파트 한 채를 구매했다. 그런데 교회 사람에게 사기를 당해서 모두 잃고 이곳까지 오게 되었다.

그 후 사람을 의심하는 버릇이 생겼다. 자주 다니던 교회도 나가지 못하고 집에서 온종일 기도만 했다. 그러니 사람 피하는 일이 계속 이어지고, 가족과 친척들에게도 버림받는 처지가 되었다. 그는 나를 힘없이 쳐다보며 최근에 관심을 주는 유일한 사람이라고 했다. 그녀를 다독이고 집에 왔지만 잠이 오지 않았다. TV를 켰더니 독거사 문제를 다루는 다큐멘터리가 나왔다. 외롭게 사는 그녀가 화면에서 같이 움직였다.

아침 일찍 딸 집으로 가면서 그녀 창문을 두드렸다. 많이 먹고 건강 챙기라고 말했다. 잠시 후 아주 작은 목소리로 대답했다.

"아줌마! 고마워요. 신세를 못 갚을 것 같네요."

나는 그 말이 그녀의 마지막 말인 줄 몰랐다. 딸 집에 있는 내게 옆방에 사는 사람한테 전화가 왔다. 그녀 언니가 문을 아무리 두드려도 인기척이 없단다. 순간 불길했다. 경찰에 신고하고 급히 집에 왔더니 이미 병원으로 갔다.

다음 날 사망했다는 그녀 언니의 연락을 받고 동사무소에 갔다. 복지혜택의 사각지대에 있는 그였다. 그는 마지막까지 왜 그렇게 고독했을까? 사람이 그리웠고, 가족도 많이 보고 싶어 했는데. 일인가구가 점점 늘어나는 시대다. 고독사 문제를 좀 더 정부 차원에서 지원해야 할 것이다. 그리고 이웃의 역할도 중요하다. 공동체가 활성화되어서 고독하게 생을 마감하는 일이 없었으면 한다.

그 일이 있고 나서 새로운 버릇이 생겼다. 추석에 음식을 넉넉하게 해서 우리 집에 거주하는 사람들에게 한 접시씩 나누어 주었다. 보잘것없는 음식이지만 그들은 많이 고마워했다. 아마 인정에, 관심에 고마워한 것 같다.

  과로로 며칠씩 고생하고 있는 내게 딸들이 오지랖 그만하라고 핀잔했다. 그러던 딸들이 김장할 때는 먼저 김치를 나누어 주자고 했다. 그네들도 내게 정성스럽게 준비한 선물을 주었다. 고구마를 주었고, 여행 다녀왔다며 호두과자와 중국교포 여인은 그곳에서 가져온 어묵을 주었다.

  방송에서는 오늘도 독거사를 다루는 다큐멘터리가 나온다. 내가 이곳으로 이사 오지 않았으면 그냥 스쳐 지나갈 문제들 아닌가? 조금만 관심 가져주면 그들에게서 오히려 내가 더 큰 위안을 받는다. 그래서 나는 오늘도 그네들 문을 습관처럼 두드리고 일상 이야기를 나눈다.

(2017년 11월)

화재경보

샌프란시스코 메리어트호텔 9층에 남편과 함께 투숙했다. 새벽 다섯 시다. 갑자기 사이렌 소리가 크게 울리면서 안내 방송이 나온다.

"비상사태입니다. 불이 났습니다. 투숙객 여러분께서는 비상계단을 이용해 신속하게 대피하십시오."

의자에 앉아 있던 몸을 벌떡 일으켰다. 다행스럽게도 나는 이미 잠이 깨어 있어서 겉옷을 입고 있었다. 그런데 남편은 속옷만 입고 깊은 잠에 빠져 있었다. 급하게 남편을 깨웠다. 놀란 남편은 허둥대며 바지만 입은 채로 웃옷을 들고 밖으로 나왔다. 모두 비상계단을 향해 침착하게 줄을 서서 내려가고 있다. 다리가 후들거려서 계단 난간을 잡고 조심스럽게 내려가는데 슬리퍼를 신어서 발바닥이 자꾸 미끄러진다. 뛰는 사람도 떠드는 사람도 없다. 긴장한 얼굴이지만 모두 질서 있게 차례차례 내려간다. 이층에 내려오자 타는 냄새가 심하게 난다. 남편은 그때까지 웃옷 단추를 채우지 못하고 있다. 역한 냄새 때문에 구토가 나오는 것을 억지로 참았다.

　밖으로 나오니 새벽이라서 몹시 춥다. 구급차, 소방차의 비상등이 깜박이며 어둠을 몰아내고 있다. 마치 섬에 있는 등대처럼 밝게 비추고 있다. 우리는 조금 멀리에서 호텔을 바라봤다. 12층 끝 쪽에서 전깃불이 반짝거린다. 그제야 일행들 안부가 걱정된다. 11층에 방 배정을 받은 사람이 있었기 때문이다. 웅성거리며 서성이는 사람들 쪽으로 가서 찾았지만 보이지 않는다.

　남편은 상황을 더 알아보고, 일행도 찾아보겠다며 건물 쪽으로 갔다. 반소매 티셔츠를 입어서 몹시 춥다. 떨면서 사람들의 옷차림을 봤다. 두꺼운 잠옷 차림에 큰 수건을 들고, 운동화를 신은 한국 사람에게 다가갔다. 그 사람이 내 모습을 보더니 춥겠다며 수건을 건넨다. 그녀는 실내화를 신은 내게 불이 났을 때는 반드시 수건을 챙기고 운동화도 꼭 신어야 한단다. 그러면서 당황이 되어도 침착하게 행동해야 한다고 말한다. 그는 한번 경험이 있었다며 두려워하는 나를 안심시킨다.

잠시 후 남편과 일행들이 웃으며 돌아왔다. 그때 호텔 불이 켜진다. 너무 추워서 우리는 호텔 로비로 들어갔다. 아직 상황 파악을 못한 일행 한 사람이 호텔 직원에게 물었다. 아무것도 모른다며 기다리라고 한다. 일단 응급사태는 마무리된 것 같다. 긴장이 풀리니까 춥고, 졸리고, 배도 고팠다. 고기 타는 냄새는 계속 나고 있다. 역겨움에 다시 밖으로 나왔다.

이미 어둠은 사라지고 있다. 좀 떨어진 곳에 작은 화단이 있다. 몸에 수건을 감싸고 앉아서 이름 모르는 꽃을 본다. 보라색 꽃송이에 새벽이슬 몇 방울이 머리핀처럼 꽂혀 있다. 꽃술 쪽으로 갈수록 흰색으로 되어 있다. 다섯 개의 꽃잎이다. 한 잎씩 만져보며 다섯 명의 손주를 생각한다. 갑자기 얼마 전에 일어났던 다뉴브강 배 전복 사고가 생각난다. 그곳에서 희생되었던 여섯 살 아이와 할머니의 마지막이 떠오른다. 안쓰러운 마음이 들었다. 재난은 어느 곳에서나 일어날 수 있다. 특히 외국에서 일을 당할 때는 여러 가지 어려움에 힘들 것이다. 이만하길 다행이라고 생각하니 다소 마음이 안정된다.

남편이 찾는 소리에 일어섰다. 승강기를 이용할 수 없단다. 다시 계단을 이용해 방으로 올라왔다. 남편이 불이 난 것이 아니라고 한다. 어이없는 일이 발생한 것이다. 한국 관광객이 호텔 실내에서 옷을 세탁했단다. 그것을 옷걸이에 넣어 스프링클러에 걸어 놓았다. 그로 인해 자동으로 물이 발사되었다. 그리고 소방서와 연결된 비상벨이 울려 출동한 것이었다. 방수시설이 전혀 안 된 호텔 복도는 물이 넘쳐흘러서 카펫은 물론 방에 침대와 이불, 가구 심지어 아래층까지 엄청난 물 피해가 났다. 소방관이 와서 처리할 때까지 계속 물이 나왔으니 많은 양의 물이 쏟아진 것이다.

 나는 스프링클러를 살펴봤다. 보통은 천장에 위치해 있는데 이곳은 벽에 붙어 있다. 그리고 약간 밖으로 돌출되어 있어서 옷 걸기에 안성맞춤이다. 조금은 이해가 된다. 남편에게 그럴 수도 있겠다고 말했다. 그러나 남편 검지가 바로 밑에 안내 글자를 향한다. 아! 빨간 글씨와 함께 옷걸이 그림까지 그려져 있다. 그리고 X표가 선명하게 그어져 있다. 사고를 낸 사람도 아마 가정주부이지 싶다. 이 호텔에서 이틀을 머물고 있었다. 여행 막바지라서 나도 속옷이 부족했다. 세탁하고 싶었으나 그냥 견디기로 한 것이 얼마나 다행인가.

 순간적인 부주의로 사고 낸 사람은 호텔에 삼천만 원 정도의 피해 보상금을 지급해야 한단다. 큰 금액에 놀랐다. 하지만 그도 그럴 것이다. 10층까지 물이 번져 내려와 엄청난 물 피해가 나지 않았던가. 평소 습관대로 자기 집에서 하던 행동이 큰 사고로 이어진 것이다. 물적인 피해는 물론 여러모로 불편을 주었다. 늘 긴장하며 살지만 나도 가끔은 실수한다. 기본적이고, 상식적인 것도 생각이 못 미칠 때가 있다. 안내 글만 읽었어도 큰 실수는 없었을 텐데. 안타까운 마음이 들었다. 그런데 화재가 아닌 물 사고인데 고기 타는 냄새는 왜 났을까? 식당에서 조리하다가 태운 거란다. 개그맨처럼 얼굴에 익살이 가득 들어 있는 남편이 능글거린다.

"그 요리사도 당신 닮았어!"

평소 요리하다가 자주 태운다. 정도가 심해서 사위가 가스밸브에 타이머까지 설치해 주었는데도 실수한다. 가방을 싸면서 머릿속에서는 삼천만 원의 숫자가 계속 떠나질 않는다.

(2019년 11월)

임어당 고거

 직사각형 대리석 묘소 앞쪽에 꽃무늬 커피잔이 검은 물을 가득 품고 있다. 동그마니 앉아 있는 잔은 차디차게 식어 있다. 그 옆에 있는 담배 한 개비도 불이 꺼진 지 한참 지난 것 같다. 반쯤 탄 담배꽁초가 비스듬히 누워 있다. 겹겹이 둘러싼 산들이 키 높이대로 무덤 향해 경계 근무를 서고 있다.
 ㈜한국수필문학진흥회에서 주관한 대만 문학기행에 참가했다. 첫 방문지가 임어당 고거였다. 집은 양명산 중턱에 자리 잡고 있다. 넝쿨이 감겨 올라가는 듯힌 회오리 문양의 흰색 기둥과 기둥 사이는 아치형의 회랑이 이어져 있다. 지붕은 청기와를 올려서 동서양을 함께 잇는 집이다. 선생이 직접 설계해서 지은 집이라고 한다. 청색과 흰색이 잘 어울려

단아한 모습이다. 마치 백자에 청색으로 무늬가 그려진 도자기를 떠올리게 한다.

문 안으로 들어가자 가장 먼저 눈에 뜨인 것이 작은 연못이다. 사합원(四合院) 형태로 지은 집이라 마당에 작은 못을 둘 수 있는 공간 배치다. 소박한 이곳에서 《생활의 발견》을 항상 잉태했다. 작가의 마음 깊이를 보는 듯하여 공경심이 생긴다. 그분의 흔적이 서재에, 침실에, 발코니와 집 안 곳곳에 스며있다. 숲이 우거진 조용한 이곳에서 노후를 보낸 작가의 숨소리가 나직이 들리는 듯하다.

발코니로 나와서 앞산을 바라본다. 나무 사이를 건너온 바람이 내게 부드러운 눈으로 물음표를 던져온다. 지금까지 어떤 발자취를 남기며 살아왔느냐고 묻는다. 아무런 대답도 할 수 없는 지금의 내 생활 아닌가. 나름대로 흔적을 남기고 싶은 마음에 글과 인연을 맺었지만, 오리무중의 글만 쓰고 있다.

인생을 마감할 때까지 흔적을 계속 남기고 싶었다. 나와 관계를 맺은 이들의 기억에서 뚜렷하게 새겨지는, 의미 있는 글을 쓰고 싶다. 하지만 인간은 사라지고 잊혀가는 존재일 뿐. 이 당연하고 엄연한 사실 앞에서 나의 글쓰기가 어떤 의미가 있는지 반추해 보기도 한다. 자연의 숙명적 질서 앞에서 난 늘 사라지는 것에 두려움을 느낀다. 나를 아는 모든 이들에게 어떤 기억으로 남아 있는지 궁금하다. 어느 시간만큼 나를 생각할까. 슬프고 괴로운 일을 떠올리지는 않은지. 즐겁고 행복했던 기억만 오롯이 남아 있기를 희망한다.

생성과 소멸이 수없이 반복되는 우주의 선상 위에 있다. 그 선에 한 점 한 점 일상을 찍으며 걷다가 사라진다. 삶과 죽음이 병풍 두께의 차이라 하던가. 죽은 자는 병풍 뒤 관 속에 있고, 살아 있는 사람은 병풍 앞에서 애통해한다. 그러나 몹시 슬퍼하던 시간도 한정되어 있다. 차츰 잊히고 자연스럽게 일상으로 돌아간다.

손바닥만 한 못에는 금붕어 몇 마리가 나선형 몸을 둥글게 반복해서 돌고 있다. 일상적인 일도 예리하게 바라보고, 깊게 생각하는 임어당 선생의 생활철학이 작은 연못에까지 묻어 있다. 그의 깊은 통찰의 글이 가슴으로 다가온다. 사람은 높은 학식을 받고, 교양이 있는 사람보다 사물을 옳게 받아들여서 사랑하고, 올바르게 인식하는 사람이 이상적으로 교육을 받은 사람이라고 했다. 바쁘고 각박한 생활이라도 틈을 내어 돌아보고, 생각하는 것. 늘 생활 구석구석을 깊이 바라보는 것이야말로 잠시라도 내 존재를 인식하는 것이다.

결국 '생활의 발견'은 항상 생각은 열어두어야 가능한 것 아닐까? 그래야 우리들의 생활도 품격을 유지할 수 있다. 미술사에 남길 만한 걸작도, 인기 도서의 창작도 언어의 속박에서 벗어나야 한다. 생활은 간소하게, 그리고 작은 것도 깊이 보고 느낄 수 있는 눈썰미가 넉넉한 사고를 만드는 것 아닌가.

선생의 묘소에 있는 식은 커피와 타다 남은 담배에 그분의 입김이 깊게 배어 있다. 사라지지 않은 그의 생각을 엽서 한 장의 분량만큼만 읽을 수 있다. 이해하는 힘을 얻기 위해서 더 깊은 사고의 늪으로 가야겠다. 무덤 귀퉁이에 있는 작은 풀꽃이 바람에 고개를 끄떡인다. 그리고 속삭인다. 지금, 이 순간 이 공간에 있는 것을 깊이 생각하고 기록하란다. 이후에 일어나는 평가는 남아 있는 이들의 사고의 시간으로 흘러가는 것이라고.

(2023년 7월)

틈

 문예 창작 강의가 있는 날이다. 경인교육대학교 뒤쪽 문으로 들어가서 강의실을 향해 걸었다. 강의동이 있는 곳까지 쭉 보도블록이 깔려 있다. 어제 비가 와서 길은 깔끔하게 청소가 되어 있다. 천천히 걷고 있는데 블록 사이 좁은 틈에서 민들레가 방긋 웃고 있다. 그뿐만 아니다. 사각형 시멘트 틈에는 온갖 잡초들이 다투어 자라고 있다. 좁은 공간을 서로 많이 차지하려고 아우성친다. 길은 가까운 곳에서부터 먼 곳까지 녹색 사각형 테두리의 양탄자가 깔려 있는 듯하다.
 잠시 걸음을 멈추고 쪼그리고 앉아서 민들레 주위를 살핀다. 개미가 틈새를 바쁘게 들락거린다. 개미도 이곳에 집을 지었다. 딱딱한 사각형 시멘트 블록 사이에 흙이 개미의 활동으로 부드러워졌다. 좁은 공간인데도 흙은 많은 생명을 품는다. 척박한 이곳에서도 작은 생명들은 치열하게 살아간다. 그들에게 틈은 호흡할 수 있는 자리를 내어주었다.

딱딱한 시멘트 보도블록 사이에 틈새가 부드러운 흙과 어우러져 있다. 이 길이 모두 시멘트로 포장이 되어 있다면 녹색의 무대는 없었을 것이다. 틈이 있는 길이 부드럽다. 그리고 다양한 모습들이 함께한다. 거기에는 여유와 포용이 수북이 쌓여 있다. 보드라운 것이 딱딱한 것을 이긴다고 했던가. 거칠고 딱딱한 시멘트벽돌은 생명이 살아갈 수 없다. 사람 관계도 이러하다. 생각이 유연하고 말랑말랑한 사람에게서 틈이 보인다. 그 틈은 많은 사람을 이끄는 힘이 있다. 절박할 때는 특히 그 곁에 다가가고 싶은 간절한 마음이 든다. 때로는 만만해 보여서 곤란한 일을 겪을 적도 있다. 하지만 대부분은 희망을 얻는 경우가 더 많다.

아스팔트로 잘 포장된 길이 정답인 줄 알고 달렸다. 그곳이 안전하고 편안하다고 생각하고 그곳에 서기 위해 몸과 마음을 집중시켰다. 그러나 헐떡거리며 가던 길은 메말랐다. 숨 가쁘고 가슴도 답답했다. 핏발 선 눈에 보이는 것은 반질반질하고 틈이 없는 검은 도로뿐이다. 길이 갈라져서 작은 틈이라도 생기면 바로 도로포장을 했다. 검은색으로 덧대어진 길은 한 가지 생각만 강요한다. 빠르게 앞으로만 향하라고.

마음에 눈을 뜰 때까지 많은 세월이 흘렀다. 늘 딱딱하고 거칠었다. 문제가 생기면 급하게 해결했다. 완벽을 향해 걷다 보니 몸과 마음에 과부하가 생겼다. 그리고 하나둘 사람들도 곁에서 사라졌다. 지치고 나서야 느끼게 되었다. 몸속 장기들이 망가지고 병원 문턱을 넘나들면서 틈이 생기기 시작했다. 바쁘게 시간 쪼개기 하던 생활을 벗어버렸다.

이제 숨 고르기 하면서 틈새를 만들고, 보고자 한다. 맑아진 눈으로 보니 주위에 많은 틈이 존재한다. 나뭇가지와 가지 사이에 공간, 산속 큰 바위에 갈라진 부분, 모든 틈은 어김없이 비집고 들어오는 것을 품고 있다. 가지 사이를 오가며 이웃과 화음을 맞추는 새소리가 귓속에 때를 씻어준다. 바위틈에 자라는 작은 소나무 한 그루가 핏발 선 눈을 맑게 한다.

주위를 둘러보면 틈으로 생기는 일이 허다하다. 틈은 다시 이을 수 있는 여지를 남기지 않던가. 틈에서 오히려 수많은 관계가 실현되기도 한다. 간혹 틈 사이에 끼어서 어려울 때도 있겠지만 그래도 틈이 있어서 너그럽고 대범하다. 틈이 없다는 것은, 뱉음을 만회할 기회조차 얻어지지 않는다. 이는 무섭고 고통스러운 고문 아닌가.

일어서려는데 무릎이 삐걱거린다. 작년부터 조금씩 아프던 다리이다. 진찰 결과 관절과 관절 사이에 연골이 닳아서 생긴 통증이란다. 틈이 좁아진 다리다. 절룩거리며 강의실을 향해 걷는다. 내 문장에 버석거리는 틈을 매끄럽고, 부드럽게 넓히기 위해서.

(2022년 7월)

마송 가는 길

오전 10시, 하루 중 가장 한가한 시간이다. 식탁 의자를 베란다 쪽으로 끌고 가서 앉는다. 국화차 한 잔을 들고 홀짝홀짝 마신다.

앞산이 흰색과 검은색 얼룩무늬로 바뀌었다. 단조로운 산의 무늬가 멋없고 싱겁다. 눈동자는 산으로 가고 마음은 옛날 기억을 더듬고 있다. 지나온 발자취를 생각하면 즐겁고, 힘들고, 행복했던 수많은 일이 있었다. 기억에 저장된 일도 시간이 지나면 점점 희미해져 간다. 그러나 그때 같이 겪은 사람이 옆에서 이야기하면 다시 생각난다.

가끔 만나는 학교 동창들은 시간 여행을 도와주는 좋은 사람이다. 여고 동창을 만나면 예전에 함께했던 민망한 일을 요즘도 생각하며 웃는다. 같이 공유할 수 있는 이야기가 있어서 즐겁다.

40대 초반에 있었던 일이었다. 결혼하고 10년 넘게 소식 없던 친구 복자로부터 연락이 왔다. 무척 반가웠다. 그 친구 집을 방문해서 그동안 못했던 이야기를 나누기로 했다. 복자는 김포에서 조그만 전압기 공장을 운영하고 있었다.

단짝 친구 문희와 송정역에서 만났다. 김포행 버스를 타고 마송면에서 내리면 친구가 마중 나온다고 했다. 파랑 줄이 두 줄 그어진 시외버스를 탔다. 다행히 사람이 많지 않아서 뒤쪽으로 가서 의자에 앉았다. 초행길이라 내릴 버스정류장이 얼마나 시간이 걸리는지 몰랐다. 그래서 앞 좌석에 앉아 있는 고등학교 남학생에게 마송까지 가는 시간을 물었다. 학생은 한참 가야 한다고 대답했다. 그때는 버스 안내 방송이 없던 때라 전 정류장에서 안내 표지판을 보고 미리 내릴 준비를 해야 했다.

가을이었다. 창밖을 보니 김포평야가 펼쳐졌다. 들판에 벼가 가을 색으로 물들고 있었다. 결실이 시작된 것이다. 마치 내가 결혼해서 세 아이의 엄마가 된 것처럼. 자세히 들판을 보았다. 가까이에는 엷은 초록빛과 노란빛이 함께 있고 멀어질수록 노란 색깔이 진하다. 착한 바람 손이 붓으로 칠을 하고 있다. 살살 흔들릴 때마다 벼 이삭이 혼합되어 초가집 호롱불 색이다. 여러 마리의 새가 날면서 흰색 구름에 검은 점을 찍고 있었다. 도시에서 살던 우리는 오랜만에 보는 환상적인 풍경에 연신 감탄했다.

한참을 바라보던 우리는 서로 가정 이야기를 했다. 남편과 아이들 이야기를 했고, 시댁 식구와 갈등도 말했다. 특히 남편 이야기는 서로 질세라 못마땅한 점을 한껏 끌어 올렸다. 한참 수다를 떨던 우리는 하차할 때가 된 것 같았다. 그런데 버스정류장 이름이 생각나지 않았다. 서로 마주 보았다.

"뭐였지, 마장동? 마포?"

버스는 김포 들판을 쏜살같이 달렸다. 앞 정류장에서 확인 못해서 점점 불안했다. 뒷자리에 있던 우리는 버스 기사에게 묻기도 여의찮았다. 게다가 버스는 경적까지 울리며 더 빨리 달리고 있다. 그때 친구가 큰 소리로 외쳤다.

"학생! 아까 우리가 묻던 버스정류장 이름이 뭐였지?"

"마송이라 했어요."

"아! 맞다. 마송이었지."

목소리가 커서 앞쪽에 있던 사람들이 놀라서 뒤를 보았다. 버스 기사는 수다 떠느라 정류장 이름도 잊은 우리를 짓궂게 쳐다봤다. 그리고 실실 웃으면서 거주하고 있는 동네 생각은 나느냐고 놀렸다. 그러자 버스에 있던 사람들이 모두 웃었다. 우리는 민망해서 어쩔 줄 몰랐다. 다음 정류장이 마송이었다.

창피해서 버스가 정차하자 급히 내렸다. 버스 창문을 쳐다보니 남학생이 하얀 이를 드러내고 인사했다. 나도 멋쩍어하며 손을 흔들어 주었다.

논길을 걸으며 우리는 버스에서 참았던 웃음을 마음껏 웃었다. 목젖까지 보이며 웃던 문희의 입 모양이 빨강 풍선 같았다. 고개를 숙인 벼 이삭을 바람이 슬쩍 건드렸다. 가을 들판은 우리에게 풍요로운 황금색을 맘껏 만질 수 있게 했다.

문희와 나는 지금도 만나면 그 이야기로 행복해한다. 잠시였지만 버스에 있던 사람들을 웃게 했던 일. 그 또한 그들을 즐겁게 한 시간 아니던가. 민망했던 일도 친구와 함께여서 즐거웠다.

가끔 마송 가는 버스를 타고 그 들판을 달리고 싶다. 그러나 황금 들판과 줄무늬 버스를 만날 수 없다. 무성한 아파트 숲이 하늘을 가리고 있을 뿐이다.

(2017년 10월)

장맛비

　창문으로 달려드는 물방울이 옆으로 선을 긋고 있다. 심통 사나운 바람이 휘젓는 대로 빗물은 반항 한번 못한다. 유리벽에 부딪히며 내는 음의 길이가 저마다 다르다. 불협화음이 되어 허공을 떠돈다. 굵은 물줄기가 모여서 각자의 생각으로만 외친다. 아우성 때문에 소리의 진원을 찾기 힘들다.

　장마철이다. 막무가내로 물 폭탄이 쏟아진다. 천변에 있던 나무들이 뿌리째 뽑혀서 나뒹굴고, 산책길도 움푹 파였다. 이곳저곳으로 뿌려대던 빗줄기가 개울로 모여서 어마어마한 힘이 되었다. 멈추지 않고 거칠게 파괴만 한다. 천둥소리를 내며 밀려 내려가는 물살이 무섭다. 마치 사나운 사냥개 여러 마리가 짖으며 달려드는 것 같은 모습이다.

소리가 말이 되어 내 뜻과 마음을 전달한다. 과연 나는 그동안 제대로 정확하게 전했을까. 수없이 반복되는 말도 이해 못해서 갈등을 겪는다. 가장 가까이 있는 가족과 나를 아는 모든 이에게 의지와 상관없이 상처를 주지 않았을까. 내 소리에 귀 기울이고 공감하는 이가 얼마나 있는지 의문이다.

창문에 부딪히는 불통이 답답하다고만 엄살을 떨지는 않았는지. 안양천이 넘쳐서 모든 것 휩쓸고 가는 장맛비처럼 막무가내로 내 고집만 부린 것은 아닐까. 빗소리 높낮이가 유별나게 달라지는 장마철이다. 억수같이 쏟아지는 빗방울도 바람에 의해 땅으로 떨어지는 순간이 제각각이다. 그러니 마찰음도 다를 수밖에 없다.

며칠 전 친구에게 들었던 말이 자꾸 목구멍을 넘어온다. 까마득한 시간을 같이 보낸 사이인데도 모르는 것이 너무 많다. 친구도 나도 서로에게 너무 익숙해서 오히려 소홀했다. 그러기에 사정을 잘 알면서도 눈감은 것이 많았다. 곁에서 스치는 사람이다. 늘 그렇게 존재도 의식 못한 것이 난처한 상황을 만들었나 보다.

아팠다는 친구 말을 대수롭지 않게 대꾸한 내게 화를 벌컥 냈다. 그는 나의 무관심에 화났다. 그러나 나 또한 몹시 건강이 좋지 않았다. 그 사실을 이야기하기도 전에 말을 끊어 버린 친구가 나도 언짢았다. 장맛비처럼 서로 쏟아내려고

만 했다. 숨 돌린 틈도 없이 돌진만 했다. 계속 평행선이 이어졌다. 어디까지 가야 하는지도 얼마를 기다려야 하는지 지금은 알 수 없다. 장맛비처럼 언어는 떨어지고 넘칠 뿐이다. 쓸려서 흘러가고 나서 한참 말이 줄어들어야 조용하다. 많은 말이 서로를 밀치고 넘어지면서 튕겨서 바닥에 떨어졌다.

장맛비는 고여 있던 응어리 언어들을 몰고 내려갔다. 그리고 구름 틈새로 햇볕 조각들이 미소 지으며 얼굴을 내밀었다. 곪아서 터진 말들은 거세게 흐르는 붉은 강물에 비늘도 남기지 않고 떠났다. 구름이 흰 거품을 게워내며 하늘에다 파란 붓칠을 한다. 사위어가는 빗방울 소리가 친구의 감정에 이입된다. 아프고 외로웠을 그가 궁금하다. 유일하게 기억하는 숫자들이다. 핸드폰을 손가락으로 톡톡 건드린다. 시들한 말소리가 귓속으로 들어온다.

"장마네."

"그러네."

익은말이 아닌 날것의 언어들이다. 장마가 주춤해지니까 연결음이 생긴다. 다음 대화까지는 설익더라도 조금씩 천천히 이어가리라. 비가 그치고 해님이 반짝이는 얼굴로 산책 나오는 오후에는 둥근 마음자리가 일어나지 않을까. 기대하는 마음은 기다리는 기쁨도 있다. 장대비가 그치면 무섭게 흐르던 흙탕물이 더러운 것, 상한 것을 모두 거두어간다. 다시 개천은 예전의 맑은 얼굴이 된다. 천변 가장자리에 쓸려 나간 달맞이꽃, 달개비, 잠자리도 다시 돌아올 것이다. 숙성되어서 익은 내 마음자리도 그들과 함께할 것이다.

(2023년 6월)

종달새 아이

　오늘따라 한낮 에버라인 경전철 안에 빈자리가 많다. 전동차는 철길을 속도 내지 않고 느릿느릿 한가하게 움직인다. 마치 뒷짐을 지고 천천히 걷는 노인의 발걸음 같다.
　내 옆자리에 네댓 살 된 어린애와 젊은 엄마가 앉아 있다. 비스듬히 기대어 있던 아이가 창문 밖을 내다보더니 계속 질문을 한다. 지나치는 산과 나무, 그리고 꽃을 보고 호기심이 생겼나 보다. 어린이의 머리는 밖을 보다가 질문할 때는 다시 엄마 쪽을 바라본다. 머리가 좌우로 바쁘게 움직인다. 그 모습이 나뭇가지 사이사이를 옮겨 다니는 종달새 같다.
　미소를 지으며 다정하게 대답하는 엄마에게 아이는 계속 '왜요?'를 연발한다. 엄마는 계속 설명하고, 아들은 계속 왜냐고 반문한다. 까만 눈동자가 호기심과 궁금증으로 반짝인다. 고개를 갸우뚱하는 얼굴은 방금 핀 망초꽃 같다. 아이의 폭풍 같은 질문에 엄마는 차츰 지쳐가면서 끝내 입을 다문다. 아쉬워하는 꼬마는 계속 창밖 풍경을 보면서 혼자 종알종알 종달새 소리를 낸다.

작은애가 갑자기 큰소리를 치면서 창밖으로 손가락질한다. 녀석이 가리키는 쪽으로 내 눈이 멎었다. 냇가 길에서 다리를 절룩거리며 걷는 할머니가 커다란 개를 안고 잠시 의자에 앉는다. 시베리아허스키 잡견인 것 같다. 아이는 할머니 힘든데 왜 커다란 개를 안고 있느냐고 묻는다. 엄마는 아이의 시끄러운 소리에 난처한가 보다. 계속 묻는 꼬마에게 "왜 그럴까?" 하며 아들의 질문을 질문으로 응수한다.

옆에 앉아 있던 나와 어린애의 눈이 마주친다. 의문부호가 내게로 달려든다. 노인은 이미 유리창 화면에서 사라졌다. 아마도 대형견은 할머니에게는 자녀나 배우자보다 더 가까운 존재 아닐까? 그러기에 힘들게 돌보는 것 같다. 그렇더라도 그 큰 개를 성치 않은 몸으로 안고 있는 것은 예삿일은 아닌 듯싶다.

꼬마는 계속 머릿속에서 물음표가 맴돌고 있나 보다. 질문은 관심과 호기심, 그리고 궁금증에서 시작된다. 아이의 눈은 세상 모든 것을 보는 커다란 눈을 가졌다. 그러기에 의문투성이다. 경험하지 않았기에 물음표가 수없이 연속해서 달려 나온다. 그런 어린애 같은 순진무구함이 내게도 있었는지 나의 어린 시절을 되돌아본다.

요즘 들어 일상을 무덤덤하게 보내고 있다. 특히 근래는 특별할 일도, 다급한 일도 없다. 늘 어제가 오늘 같이 지나간다. 핸드폰도 의례적인 문자들만 채워진다. 몸과 마음이 마냥 늘어나서 헐거워진 스웨터 같다. 긴장할 일이 없으니 의문부호가 머리에서 사라진다. 그러니 호기심과 궁금증도 남아 있지 않다. 생기를 잃을 수밖에 없다.

종달새 아이가 내 손등을 얼핏 보더니 주름과 점이 많다고 한다. 그러면서 작고 하얀 자기 손과 내 손을 비교하면서 바라본다. 아주 소소하고 작은 것도 어린이 눈에는 호기심과 의문으로 가득하다. 맑은 아이의 눈에서는 영롱한 빛이 반짝인다. 그 빛에는 생생한 기운이 폭포처럼 흘러내린다.

종달새 아이는 입을 크게 벌리며 하품하더니 엄마 품으로 파고든다. 차 안에서 유일하게 종알대던 아이가 잠드니 전철은 적막강산이다. 요즘은 어디에서나 도무지 아이들 보기가 힘들다. 출산 문제가 심각한 것을 이곳에서도 느낀다. 새싹이 풍부해야 활력이 넘치는데 동력이 떨어질지 걱정이다. 곳곳에 아이들의 웃음소리와 질문들이 쏟아져야 하는데 현실이 그렇지 못하니 안타깝다.

나뭇가지마다 종달새 같은 질문이 달리고, 그런 궁금증과 호기심이 가득한 어린아이들의 세상이 오기를 기다린다. 도시와 시골 마을 놀이터에는 종달새 아이들이 조잘거리고, 까르르 웃는 웃음소리가 넘치게 들리는 날. 그런 시간이 빨리 오기를 기다리며 아이와 작별한다. 그에게서 의문부호를 가득 받고.

(2023년 9월)

트리하우스

 꽃이 익어서 떨어지고, 그 자리를 차지한 잎사귀들이 몸집을 맘껏 불리는 계절이다. 빽빽하게 서 있는 나무들은 하늘까지 덮어버릴 기세다. 숲속은 우렁차고 씩씩한 청년들의 세상이다.
 용인 자연휴양림에 갔다. 숲길 따라 산을 오르다 길옆에 있는 트리하우스를 발견했다. 덩치 큰 갈참나무가 가슴에 조그만 집을 안고 있었다. 참나무 뒤쪽 언덕 위로 올라가니 작은 집과 연결되는 나무다리가 놓여있다. 서너 평 정도 되는 나무집은 노거수 우듬지에서 조금 내려온 곳에 있었다. 집을 튼튼한 양 어깨로 반듯하게 받치고 있어 안전해 보였다.
 먹고, 자고, 쉬는 곳이 집이다. 사람이 거주하는 집은 구조나 모양이 다양하다. 원시인의 움막부터 시작해 오늘의 주거 형태로 바뀌고 변해왔다. 인류 역사에서 가장 중요한 발전은 집에서부터 이루어졌다. 개인의 변천과 발자취는 물론 국가 흥망의 역사도 집에서 시작되었다.

　유년 시절의 우리 집은 넓은 대청마루에 사람들이 늘 북적였다. 어머니는 손님들 대접을 게을리하지 않으셨다. 장손 집안이고, 할머니까지 있으니 고달픈 어머니의 일상이었다. 그래서 집안 행사가 있는 날이면 내 손길도 바빴다.

　어른들이 돌아가시고, 자녀들도 모두 결혼해서 집을 떠났다. 각자 지냈던 방은 텅 비워지고 스산한 바람만 머물고 있었다. 그 적막감에 엄마는 적응 못하고 가끔 술로 달랬다. 혼자 큰 집을 지키면서 고독한 세월을 보냈던 것을 생각하면 지금도 마음이 아리다.

　이따금 주름이 잡힌 입술을 떨면서 혼잣말로 작은 집에서 살고 싶다고 했다. 늦은 저녁 홀로 집에 있으면 바람결에 아버지 목소리가 들렸단다. 그런 날은 밤새 한잠도 못 잤다고 피곤한 얼굴로 나를 쳐다보았다. 집은 크고, 식구들도 없고, 혼자 있으려니 두려웠을 것이다. 늘 사람들로 북적이던 대청마루가 더 허전했을 것이다. 그 많던 식구들이 모두 떠나고 홀로 있었으니 어머니의 허전함은 무엇으로도 대신 할 수 없었으리라.

그 집이 헐리던 날 나는 온종일 거기 있었다. 지붕부터 헐리기 시작해서 대청마루를 들어내고 내 방 벽이 쓰러졌다. 벽돌이 무더기로 허물어질 때 가슴이 따끔거리며 통증이 왔다. 방 구석구석에 스며 있는 내 소중한 추억이 모두 사라지는 것 같았다. 이후 나는 가끔 꿈속에서 그 집과 내방을 만나고 있다. 꿈꾸고 난 날이면 어린 시절의 추억 속에서 헤매고 있다.

살면서 몇 번의 집을 바꾸었다. 아파트 형태의 집에서도 살아봤지만, 지금까지 단독 주택에서 산 세월이 훨씬 많다. 불편한 것이 많은 단독 주택을 택한 것은 아마 지금도 옛집이 그리워서 일 것이다. 회귀 본능 아닐까. 마당이 있는 집을 고집했지만, 지금은 어쩔 수 없이 필로티 구조의 집에서 산다. 도시 한복판에서 마당 있는 집에 살기에는 현실적인 어려움이 있기 때문이다.

나무다리를 밟고 건너서 천천히 트리하우스로 들어갔다. 실내에는 긴 나무 의자가 있고 창문이 제법 크게 나 있었다. 의자 하나만 달랑 놓여있었다. 가구와 장식이 전혀 없는 단조로운 방이었다. 잠시 의자에 앉아서 창문 밖 풍경을 보았다. 나무 이파리가 커튼처럼 처져 있었고 가지 사이에 새들이 날아다녔다. 숲 바람이 나뭇잎과 가는 가지를 쥐고 현을 켜고 있었다. 멜로디에 새들의 추임새까지 더해졌다. 등을 기대고 앉아서 편안하게 귀를 열었다. 마음을 깊이 들여다볼 수 있는 편안한 집이다. 숲의 숨소리와 입김으로 온몸이 흠뻑 적셔졌다. 장식이 전혀 없는 오직 나무 의자 하나만 있는 공간이다. 그러나 가득 들어있는 자연의 소리와 기운이 화려한 가구와 장식이 되었다.

다람쥐가 살살 다가오다 멈칫했다. 고개를 갸우뚱하며 바라보았다. 덩치가 큰 동물인 내가 생경한가 보다. 나무 계단에서 한참을 바라보더니 꼬리를 흔들며 사라졌다. 그뿐만이 아니다. 어치도 먹이를 들고 돌아와서 잠시 망설이며 어물쩍거렸다. 의자 밑에는 묵은 도토리 양식이 쌓여 있었다. 아무래도 이 집의 소유권은 그들이 쥐고 있는 듯하다. 내가 오래도록 쉴 수 있는 집이 아니다.

부지런히 숲 바람으로 샤워하면서 한 꺼풀씩 도시에서 찌든 허물을 벗겨냈다. 잠시 쌓였던 피로가 깔끔하게 사라졌다. 이곳 집이 내게 내어준 선물이다. 산동네를 떠나는데 뒤에서 계속 싱잉볼 진동과 닮은 편안한 소리가 따라온다. 숲의 목소리 아닌가. 귓속으로 자연의 이야기를 쟁여 넣었다.

아침마다 창가에 서서 공원을 바라본다. 좁은 공원에 대여섯 그루 은행나무가 있다. 그 우듬지를 보면 트리하우스가 그리워진다. 다시 그 집에 가면 산 식구들이 반겨 줄까. 그곳에서 산 식구들과 수다를 떠는 즐거운 상상을 하면서 오늘을 버틴다.

(2025년 3월)

달개비

된서리에 초록 피돌기가 멈춘 지도 한참 지났다. 열려 있는 관속으로 들어가기 직전의 모습이다. 바삭 바른 몸뚱이에 붙어 있는 흑갈색 이파리가 바람과 함께 진혼곡을 부른다. 이곳저곳 관절에 달고 있는 구슬이 땅으로 내려가려고 헛손질한다. 닭장 옆에는 5월에 화려했던 일들이 옛이야기로 남아 있다. 손끝에서부터 가슴으로 보라색 슬픔이 아리게 전해온다.

  용인 농막을 가기 위해 봄부터 늘 이곳 경안천 길로 발걸음을 옮겼다. 중간지점에 있는 허름한 농가에는 돌보지 않은 닭장이 있었다. 그런데 닭은 한 마리도 없고 달개비꽃이 지천으로 자라고 있다. 그곳을 지나갈 때면 잠시 발걸음을 멈추었다. 꽃 피는 계절이 오면 보라색 꽃들이 떠들썩하게 잔치를 벌였다. 그럴 때면 내 몸도 그곳에서 함께 춤을 추었다. 그러다가 갈걷이를 마치면 천변 길도 가지 않고 춤사위도 멈추었다. 달개비도 서서히 잊히는 계절이 되었다.

남편의 건강이 예전 같지 않아서 내년 농사는 접을 예정이다. 오늘도 농막을 정리하려고 코끝이 싸한 날씨인데도 경안천변 길로 향한다. 닭장을 지나다 걸음을 멈춘다. 어여쁘던 달개비가 황달에 걸려 있는 모습이다. 누렇게 뜬 몸뚱이를 겨울바람이 마지막 남은 물기마저 거두어 간다. 바짝 마른 몸이 바로 소신공양할 준비를 하는 것 같다. 봄과 여름, 가을까지 뽐내던 나선형 보라색 꽃잎과 노란 꽃술이 흔적도 없이 사라졌다. 쓸쓸한 자취에서 지나간 옛 봄날을 되새김질해 본다.

스무 살 풋사랑이 진보라색 아픔으로 지나갔다. 탁구장에서 첫 만남부터 엇박자였다. 서로를 이기려고만 했으니까. 사계절을 똑딱똑딱 미련한 감정 게임에만 열중했다. 속마음을 드리내지도 못하고, 고민만 하던 내게 채근하던 그 사람. 기다림에 지쳐 혼자 캐나다행 비행기에 몸을 실었나. 빈 탁구장에서 때늦은 후회를 했다. 서투른 첫사랑은 그렇게 지나갔다.

신기루처럼 순간 사라지는 것들에 대한 기억을 잡으려 애

쓰지만 늘 손가락 사이로 빠져나간다. 때때로 무의미한 헛손질에 자주 급체하는 가슴이다. 하지만 각인되어 머릿속에 남아 있는 몇 편에 기억들이 있다. 요즘 들어서는 옛날에 슬프고 아쉬웠던 일들이 아름답게 각색이 되어 머릿속에서 맴돈다. 아마 시간이 지나면서 괴로움은 체로 걸러내고 즐거웠던 것만 오롯이 남겨졌나 보다. 완성되지 않은 진보라색 첫사랑도 이러하다.

오래도록 버려두었던 화구들이 눈에 들어온다. 누렇게 변한 화선지와 검은 먹이 손가락을 유혹한다. 파란 2층 건물의 탁구장을 손쉽게 그렸다. 그러나 희미해진 긴 생머리 내 모습과 상고머리의 그 사람 모습은 그릴 수가 없다. 거울에 비친 지금 내 모습이 너무 생경하기 때문이다. 아마도 수만 리 떨어져 있는 그도 같은 생각을 하고 있지 않을까.

닭장에서 한 시절 화려했던 달개비가 서러워하는 계절이다. 그런데 또다시 그 꽃에 무관심했다. 되돌아갈 수 없는 시간이 겹쳐서 포개져 있다. 이제는 두려움을 버리고 전두엽에 머물러 있는 보라색 파편을 꺼낸다. 다시 달개비와 첫사랑을 꿈꾼다. 신명 나게 춤판이 무르익는 한낮에 봄날로 되돌아가야겠다. 달개비와 나는 부활하리라. 그리고 화려한 봄 축제를 즐기리라.

(2022년 11월)

발가락이 뿔났다

 엄지발가락이 몹시 아프다. 망설이다 구두를 신고 나간 것이 또 발가락을 성나게 했다. 내 발은 무지외반증이 심하다. 특히 오른쪽 발이 더 유난해서 엄지발가락이 안쪽으로 많이 휘어져 있다.
 근래에는 예쁜 구두 신기를 포기했다. 그래서 주로 운동화를 신고 다녔다. 한데 지인들의 결혼식이나 장례식장 갈 때는 난감하다. 정장 차림이 필수인데 운동화 신는 것이 안 어울리기 때문이다. 어쩔 수 없이 오늘처럼 단화를 신고 나산다. 그러나 가장 편한 단화를 신었음에도 신는 순간부터 발가락과 발등이 불편해진다. 특히 튀어나온 부분에 뼈는 구두를 거부한다. 억지로 참고 신지만 후폭풍이 만만치 않다. 병원을 다녀와야 통증이 잠잠해진다.

긴 세월 무던히도 참아준 발가락이 이제는 양보가 없다. 무리하면 바로 반응을 보인다. 그리고 반항한다. 할 수 없이 병원에 다니며 살살 달랜다. 그러고 보면 발가락이 화를 낼 만도 하다.

고등학교 때 자주색 구두를 신었다. 금강제화에서 만든 두껍고 딱딱한 구두였다. 소가죽이 단단해서 구매하는 날부터 발은 혹사했다. 여린 살과 한창 성장 중인 발가락뼈를 무지막지하게 가두었다. 게다가 걷고, 뛰고 했으니 얼마나 힘들었을까? 남산 중턱에 있는 학교는, 교실을 가려면 산언덕을 올라가야 했다. 그 당시 친구들은 예쁜 다리를 기대하기 어려웠다. 우리 학교 학생들은 모두 종아리에 근육이 발달해서 조선무 다리가 많았다.

여학교를 졸업하고 나서도 나는 막무가내로 하이힐을 신고 미니스커트를 입었다. 발이 혹사한 대로 엄지발가락은 안으로 휘어지고 뼈는 조금씩 몸집을 늘렸다. 이제는 몸 불리기도 거부하고 통증으로 신호를 보낸다. 신체 중 가장 낮은 곳에서 무거운 몸무게를 받쳐주는 것이 발이 해야 할 몫이다. 큰 무게를 묵묵히 견디며 발의 역할을 분담하는 발가락이다. 너무도 당연하게 더 큰 짐을 요구했다. 그러나 이제는 위험 신호를 자주 보내며 휴식을 호소한다.

더불어 쉬어가는 삶을 외면했다. 당연하다고만 생각했다. 낮은 곳에서 자기 몫을 다 하는 발에 쉼조차 주지 못하고 몰인정했다. 생각 없이 보낸 시간이다. 그 대가는 참혹하게 휘고 튀어나온 발가락뼈이다. 이젠 지쳐서 쉬고 싶단다. 서기조차 거부하며 발가락뼈는 항의한다. 어쩔 수 없이 앉아 있거나 누워 있으면 일어나야 할 일이 더 생기는 법이다. 물 한 잔 먹으려면 발을 움직여야 하므로 불편함을 감수해야 한다.

인간만이 두 발로 설 수 있는 동물이다. 손가락과 함께 끊임없이 움직임으로 지혜가 발달하였다. 어찌 보면 두 발로 선다는 자체가 불균형이다. 신체에서 발에만 고된 일을 시키는 것이니까.

외과 병원으로 가려다가 망설인 끝에 방향을 바꿔 한방병원으로 갔다. 얼마 전에 치료하기 위해 간 외과 병원에서 수술을 권했다. 그러나 난 다시 생각해 보겠다고 하고 병원을 나섰다. 뼈를 깎는 아픔이란 말이 있다. 심한 고통을 생각하니 엄두가 나지 않았다. 그래서 차선책으로 한방병원에 갔다. 아픈 부위에 침을 놓던 의사가 "젊을 때 많이 멋쟁이였나 봐요." 한다. 나는 우매함을 들킨 것 같아 얼굴이 화끈거렸다.

무리하지 말라는 의사 당부에 오늘은 집에서 쉬기로 했다.

그러나 통증이 가시질 않는다. 튀어나온 뼈가 뻘겋다. 염증이 생길까 봐 얼음찜질했다. 그리고 가장 수고를 많이 한 발에 발뒤꿈치부터 천천히 마사지한다. 겹겹이 터진 살이 굳어져 두꺼워진 피부다. 거칠어진 살갗을 만지니 수십만 번 걸었을 발의 고단함이 전해온다. 온몸의 세포들이 회한으로 감싼다.

마디마디 온 삶을 살면서 성한 곳이 없는 육체다. 새로운 세포의 늘어남보다 각질화가 더 되는 몸을 보니 어쩔 수 없는 시간의 흐름을 느낀다. 열반하고 나서 발을 내미신 부처님. 유일하게 사후에도 움직일 수 있었던 발은 어쩌면 신체 중 가장 성스러운 부분이 아닐까? 인도 보드가야에는 지금도 부처님 발자국을 기리며 해탈의 길을 가려는 이들이 있다.

늘 지시만 하는 두뇌의 세포가 마지막 보류인 발에 속삭인다. 이젠 직립의 직선을 버리고 앉아서 곡선의 편한 길을 바라보라고 한다. 그래야 곡선 끝에 부드러운 원이 완성되는 날이 돌아온다고.

(2019년 2월)